Gulliver Taschenbuch 533

»Gelogen und wahr,
365 Tage sind ein Jahr!«

CHRISTINE NÖSTLINGER & JUTTA BAUER

EiN
und
ALLeS

**EIN JAHRESBUCH
MIT GESCHICHTEN, BILDERN,
TEXTEN, SPRÜCHEN, MÄRCHEN
UND EINEM TAGEBUCH-ROMAN**

BELTZ
& Gelberg

Christine Nöstlinger, geboren 1936, studierte an der Kunstakademie und lebt in Wien. Sie veröffentlichte Gedichte, Romane, Essays und zahlreiche Kinder- und Jugendbücher. Viele davon erschienen im Programm Beltz & Gelberg, unter anderem *Wir pfeifen auf den Gurkenkönig* (Deutscher Jugendliteraturpreis), *Maikäfer, flieg!* (Buxtehuder Bulle und Holländischer Jugendbuchpreis), *Der Hund kommt!* (Österreichischer Staatspreis), *Der Neue Pinocchio* und *Der Zwerg im Kopf*. Für ihr Gesamtwerk wurde sie mit dem internationalen Hans-Christian-Andersen-Preis ausgezeichnet.

Jutta Bauer, geboren 1955, studierte an der Hamburger Fachhochschule für Gestaltung. Sie illustrierte zahlreiche Kinderbücher und ist aus der heutigen Bilderbuchlandschaft nicht mehr wegzudenken. Im Programm Beltz & Gelberg erschienen zahlreiche ihrer Bücher, unter anderem die *Juli*-Bilderbücher (nach Texten von Kirsten Boie), *Die Königin der Farben* (Troisdorfer Bilderbuchpreis) und zuletzt *Schreimutter* (Deutscher Jugendliteraturpreis).

Ein und alles wurde von der Stiftung Buchkunst als eines der »Schönsten Deutschen Bücher 1992« ausgewählt und mit dem 1. Preis ausgezeichnet.

www.beltz.de
Gulliver Taschenbuch 533
© 1992, 2002 Beltz Verlag, Weinheim, Basel, Berlin
Programm Beltz & Gelberg, Weinheim
Alle Rechte vorbehalten
Einband und Gesamtausstattung von Jutta Bauer
Layout von Gesa Denecke
Gesamtherstellung Druckhaus Beltz, 69494 Hemsbach
Printed in Germany
ISBN 3 407 78533 X
1 2 3 4 5   06 05 04 03 02

*Zum Hoffen
ist immer
ein Löchlein
offen!*
(Alte Mäuseregel)

1.1.

XY weiß alles!

Lieber **XY,**
1. Warum kommt ein Unglück selten allein?
2. Warum fällt ein Apfel nicht weit vom Stamm?
3. Warum sind aller guten Dinge drei?

Deine Iris

Liebe Iris,
1. Wer hat Dir diesen Plunder erzählt?
2. Ein Unglück kommt immer allein! Das siehst Du schon daran, daß es die Mehrzahl von Unglück gar nicht gibt. »Zwei Unglücke«? Na eben.
3. Ein Apfel kann sehr weit vom Stamm fallen. Wie weit, das hängt von der Breite der Baumkrone und der Stärke des herrschenden Windes ab. Da gilt die Formel: $d = U^2 \times c \times t^3$
4. Daß aller guten Dinge weit mehr als drei sein können, wird Dir ja wohl selbst ein Blick in die Auslage eines Konditors zeigen.

In der Hoffnung, Dein Weltbild zurechtgerückt zu haben,

Dein
XY

2.1.

Ein leeres Sparbuch
am dritten Januar
zeugt von Lotterleben
im letzten Jahr.

3.1.

Entschluß

Am letzten Tag des alten Jahres faßte der Hans gute Vorsätze. Er stellte sich vor den Spiegel, schaute sich in die Augen und sprach: »Ab nun will ich in der Nacht nicht mehr schnarchen und auch meiner kleinen Schwester nicht mehr in den Hintern treten!«

Am Morgen des ersten Tages im neuen Jahr, als der Hans erwachte, sagte seine kleine Schwester zu ihm: »Heute in der Nacht hast du vielleicht wieder einmal laut geschnarcht!«

Da sprang der Hans aus dem Bett, lief zum Spiegel, schaute sich in die Augen und sprach: »Der Mensch hat eben keinen freien Willen!« Dann drehte er sich um und trat seiner kleinen Schwester in den Hintern.

4.1.

Kleines Mutmachergedicht
Am Geburtstag den lieben Eltern aufzusagen

Ich weiß, es gibt klügere Knaben,
die weitaus bessere Noten haben
und sich braver als ich benehmen.
Aber ihr müßt euch deshalb nicht schämen!
Betrachtet mich einfach als Probestück.
Kopf hoch! Faßt Mut! Mit etwas Glück
gelingt euch garantiert im nächsten Jahr
ein wesentlich besseres Exemplar!

5.1.

6.1.

Aus dem Tagebuch des Anton M., aufgefunden bei der endgültigen Räumung der Wohnung der Anna M., in Kleinfrasdorf:

7.1.

Bin komplett durcheinander! Habe bei mir im Zimmer ferngeschaut, habe vom ersten Programm, vom Tennis, aufs zweite, auf einen Liebesfilm, geschaltet, da ist plötzlich eine Biene um meinen Kopf herumgeflogen. Mitten im Winter eine Biene! Und eine gewaltig große noch dazu! Das Biest hat sich auf die Fernbedienung gesetzt, direkt neben meinen Daumen. Weil ich auf Bienengift allergisch bin, bin ich sehr erschrocken und habe die Fernbedienung weggeschleudert. Sie ist gegen die Wand gesaust, zu Boden gefallen und kaputtgegangen. Aber nur äußerlich. Die Deckplatte ist abgegangen und in viele Scherben zerbrochen. Wo die Biene hingekommen ist, weiß ich nicht. Von der war nichts mehr zu sehen und zu hören.

Wie ich dann ausprobiert habe, ob die Fernbedienung auch ohne Deckplatte funktioniert, habe ich unten, wo sonst keine Tasten mehr sind, einen blauen Knopf entdeckt. Einen, für den im Deckel gar kein Loch gewesen ist!
Ohne mir viel zu denken, habe ich den blauen Knopf gedrückt. Die Tennisspieler sind vom Bildschirm verschwunden, es hat schwarz-weiß geflimmert, es hat bunt geflimmert, dann ist ein Zimmer zu sehen gewesen. Mit einem Sofa darin. Darauf ist ein Mann gelegen, der hat in einem Buch gelesen.
»Gibt's ja nicht«, habe ich gemurmelt, weil es technisch unmöglich ist, bei uns ein drittes Programm zu empfangen. Wir sind nicht verkabelt und haben auch keine Satellitenantenne.
Da hat der Mann auf dem Bildschirm das Buch zugeklappt und gesagt: »Ich bin der Karl!« Und gleich darauf: »Ist doch netter, wenn Fernsehen keine so einseitige Angelegenheit ist!« Und dann: »Bin froh, daß du endlich den blauen Knopf gefunden hast!« Und schließlich: »Wenn du mich nicht haben willst, mußt du bloß noch einmal drücken!«
Ich war so fix und fertig, daß ich den blauen Knopf gedrückt habe. Wieder ohne viel zu denken. Es flimmerte bunt, es flimmerte schwarz-weiß, dann waren die Tennisspieler wieder da.
Nun hocke ich seit Stunden vor dem TV herum und versuche, den blauen Knopf noch einmal zu drücken. Aber irgend etwas in mir sträubt sich. Hundertmal habe ich es versucht, aber jedesmal zuckt mein Finger zurück.

7.1.

***Aus dem Tagebuch des Anton M., aufgefunden bei der endgül-
tigen Räumung der Wohnung der Anna M., in Kleinfrasdorf:***

8. 1.

Vergangene Nacht, nach einem sehr wirren Traum, bin ich aufgewacht. Meine Eltern waren im Wohnzimmer drüben und haben laut gestritten. Ich habe mir gedacht: Vorläufig werden die keine Ruhe geben, und da ist an Wiedereinschlafen ohnehin nicht zu denken!

So habe ich das Fernsehen aufgedreht. Auf dem einen Sender war überhaupt kein Programm mehr, auf dem anderen Sender war ein Geigenkonzert. Jetzt oder nie, habe ich mir gedacht und habe den blauen Knopf gedrückt. Es flimmerte schwarz-weiß, es flimmerte bunt, dann war das Zimmer wieder da. Ziemlich düster war es im Zimmer. Bloß eine kleine Leselampe brannte neben dem Sofa. Der Mann lag auf dem Sofa und schlief. Mit einer karierten Decke war er zugedeckt. Ich schaute mir den Mann lange an. Zum Fürchten schaute er nicht aus. Gern hätte ich mit ihm geredet, aber ihn aufzuwecken, wagte ich nicht. Außerdem hörte ich Schritte im Vorzimmer. Das war mein Vater. Ich dachte mir: Könnte leicht sein, daß der zu mir ins Zimmer hereinschaut, um zu sehen, ob ich vom lauten Streit munter geworden bin!

So drehte ich schnell den Fernseher ab. Eigentlich wollte ich bloß warten, bis meine Eltern im Bett sind, und mir dann den Mann wieder anschauen. Aber dann kam auch meine Mutter ins Vorzimmer, und der Streit ging im Vorzimmer weiter. Ewig lange! Da muß ich dann eingeschlafen sein.

Heute abend wird mein Vater zum Stammtisch gehen. Und meine Mutter wird eine Freundin besuchen. Wenn sie weg sind, werde ich den blauen Knopf drücken. Es ist sicher besser, wenn ich beim ersten Kontakt mit dem Mann völlig ungestört bin.

8.1.

Aus dem Tagebuch des Anton M., aufgefunden bei der endgültigen Räumung der Wohnung der Anna M., in Kleinfrasdorf:

9.1.

Kontakt geglückt!
Habe stundenlang, bis meine Mutter heimgekommen ist, mit dem Karl geredet. War, als ob ich ihn schon ewig und immer kennen würde. Habe ihm versprochen, daß ich ihn geheimhalte. Will ihn sowieso mit niemandem teilen!

9.1.

Alle sind zufrieden mit mir

Die Mama ist zufrieden mit mir, wenn ich im Haushalt helfe. Der Papa ist zufrieden mit mir, wenn ich gute Noten habe. Der große Bruder ist zufrieden mit mir, wenn ich ihm von meinem Taschengeld etwas abgebe. Die kleine Schwester ist zufrieden mit mir, wenn ich ihre Rechenhausübung mache. Die Oma ist zufrieden mit mir, wenn ich nicht fernschaue und nicht Radio höre.

Wahrscheinlich ist es sehr ungerecht von mir, wenn **ich** mit ihnen allen **nicht** zufrieden bin!

10.1.

**VERWECHSELST DU
AM ELFTEN JÄNNER
NOCH IMMER DEN ZÄHLER
MIT DEM NENNER,
BIST DU KEIN WAHRES
RECHENGENIE
UND ERLERNST DAS BRUCH-
BRECHEN NIE!**

Alte Lehrerregel

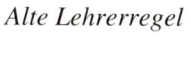

11.1.

Aus dem Tagebuch des Anton M., aufgefunden bei der endgültigen Räumung der Wohnung der Anna M., in Kleinfrasdorf:

12.1.

Teilen will ich den Karl wirklich mit keinem Menschen, aber die Geheimhaltung fällt mir auch nicht ganz leicht.

Wenn einem so eine Sache passiert, ist man irgendwie ziemlich piff-paff und möchte doch mit jemandem, wenigstens andeutungsweise, darüber reden.

So habe ich heute zu meiner Mutter gesagt: »Du, glaubst du eigentlich an Dinge, die es gar nicht geben kann?«

Wie ich sie das gefragt habe, war sie gerade in der Küche und hat in unserem Vorratsschrank herumgeräumt und herumgewischt.

Sie hat geantwortet, daß das eine dumme Frage sei. Weil der, der an etwas glaubt, ja fest davon überzeugt ist, daß es das gibt, woran er glaubt. »Aber«, hat sie dann gesagt, »ich glaube schon an ein paar Dinge, von denen andere Leute behaupten, daß es sie nicht gibt!«

Ich habe gedacht, jetzt wird sich gleich ein gutes Gespräch zwischen uns ergeben, aber da hat meine Mutter in einer Packung Haferflocken zwei eklige Würmer entdeckt und hat »i-gitt-igitt« geschrien und die Haferflocken in den Abfall geworfen und geflucht, daß der ganze Bio-Kram ein Teufelszeug und voller Insekten ist. Und daß sie da lieber wieder auf die Chemie umsteigt!

Ich habe sie gefragt, welche Sachen das denn sind, an die sie glaubt, obwohl andere Leute diese Sachen für unmöglich halten.

»Wie? Was?« hat sie zurückgefragt. Sie hat gar nicht mehr gewußt, wovon wir vor den Würmern in den Haferflocken geredet hatten.

Da habe ich es aufgegeben. Eine Frau, die wegen zwei kleinen Ringelwürmern ganz wesentliche Sachen vergißt, ist für ein Gespräch, wie ich es vorhatte, wirklich nicht zu brauchen.

ALLERGRÖSSTE NOT

Es ist stockdunkel,
da sind Schritte ums Haus.
Hör auch Gemunkel.
Wag mich aus dem Bett nicht raus.
Mond will nicht scheinen,
viel Regen prasselt ans Fenster,
mir ist zum Weinen,
vor der Tür stehen Gespenster.
Sollt aufs Klo,
müßt dringend Pipi,
fürcht mich so.
Den Weg schaff ich nie!

Pitschpatschnaß
ist nun die blöde Matratze.
Oh, wie ich das haß!
Morgen schieb ich's auf die Katze!

13.1.

Träume

Das Kind träumt:

Es ist Montag, frühmorgens. Punkt sieben Uhr. Es steht auf und räumt seine Schultasche ein. Es will das Matheheft in die Schultasche tun, da fällt ihm ein, daß es vergessen hat, die Hausübung zu machen.

»Mama, Papa, kommt her«, schreit das Kind. »Ihr müßt mir helfen!«

Die Mama und der Papa kommen gelaufen.

»Sind nur zwei Beispiele«, sagt das Kind. Es setzt sich zum Schreibtisch und schlägt das Matheheft auf.

Die Mama beugt sich über seine Schulter und diktiert: »Zwei a plus sieben b plus drei a minus zwei b sind fünf a plus fünf b«.

Dann beugt sich der Papa über seine Schulter und diktiert: »Wenn zwei Maurer in acht Stunden eine Mauer bauen, bauen sechzehn Arbeiter diese Mauer in einer Stunde!«

Zehn Minuten nach sieben Uhr klappt das Kind sein Matheheft zu, und die Mama und der Papa sagen: »Na, das hätten wir wieder einmal geschafft!«

Das Kind wacht auf:

Es ist Montag, frühmorgens. Punkt sieben Uhr. Es steht auf und räumt seine Schultasche ein. Es will das Matheheft in die Schultasche tun, da fällt ihm ein, daß es vergessen hat, die Hausübung zu machen.

Ganz blaß wird das Kind, seine Hände zittern, sein Magen krampft sich zusammen.

»Was ist denn wieder los mit dir?« fragt die Mama.

»Mir ist übel«, sagt das Kind und legt sich wieder ins Bett. Und der Papa sagt: »So oft wie unser Kind ist sonst keines krank!«

14.1.

Viel Latein

»Wie schaut denn deine neue Freundin, die Annaluise, aus?«
fragte die Mutter den Hans.
Der Hans antwortete: »Sie hat blitzblaue Oculi und einen blut-
roten Os, zierliche Pes und eine winzige Nasus. Bloß das linke
Auris steht ihr ab!«

Da rief die Mutter: »Hans, wie redest du denn? Bist du überge-
schnappt?«
Der Hans zeigte mit einer Hand auf seinen Unterbauch und mit
der anderen Hand auf den seiner Mutter und sprach: »Warum
sollen nur Vagina und Penis einen Anspruch auf lateinische
Namen haben? Gleiches Recht für alle Körperteile!«

Sehnsucht

Ich habe Sehnsucht
nach einer Meeresbucht
mit Felsen und Strand
in einem fernen Land.
Dort möcht ich sitzen,
in der Sonne schwitzen
und Sehnsucht haben
nach hungrigen Raben
auf kahlen Feldern,
nach verschneiten Wäldern
und eisigem Windeswehn.
Kann's selbst nicht verstehn.

16.1.

Leidenschaft

Was aus der Nase rauszubohren
und das Schmalz aus den Ohren
zu holen
und beides ganz verstohlen
zu einem Kügelchen zu drehen
und das genau zu besehen
und ein bißchen zu belecken
und es hierauf in den Mund reinzustecken,
das finden die meisten Leute abscheulich.
Aber für mich ist es so erfreulich
wie sonst nichts im Leben.
Drum muß ich es mir dreimal täglich geben!

Abendgebet

Lieber guter Jesus Christ,
wennst
ein bißchen einsichtig bist,
verstehst,
daß ich sehr oft lüge
und
Mama und Papa betrüge.
Die Wahrheit
trägt mir bloß Prügel ein.
Das
kann nicht Dein Wille sein!

18.1.

Aus dem Schulbuch ELTERN IN ALLER WELT,
zugelassen für das Unterrichtsfach ELTERNLEHRE,
5. und 6. Schulstufe:

Es gibt auch keine Eltern-Prüfungen. Der Eltern-Beruf wird ungelernt ausgeübt!
Gelernt wird am lebenden Objekt, dem Kind.
Die Annahme, daß Eltern mit vielen Kindern den Eltern-Beruf daher besser beherrschen als Eltern mit nur einem Kind, muß nicht richtig sein. Es kommt auch
auf das Talent an! Möglicherweise haben sogar viele kinderlose Menschen
mehr Talent zum Eltern-Beruf als Normal-Eltern!

Merke:
ELTERN haben keine Eltern-Berufsausbildung.

Besprecht das in der Klasse!
Denkt nach, welche kinderlosen Menschen ihr kennt, die mehr Talent zum Eltern-Beruf haben als
eure Eltern!

19.1.

RAT UND SCHLAG
von Tante Olga

Liebe Tante Olga,
woran erkennt man, wer in der Familie das Oberhaupt ist?
Dies will wissen,
Dein Felix

Lieber Felix,
allgemein gilt: Der Vater hält sich dafür, die Mutter ist es!
Andersherum kann es aber auch sein. Es gibt etliche Tricks, das
Oberhaupt rauszufinden. Etwa: Wer den ganzen Abend die TV-
Fernbedienung in der Hand hält! Wer sich dreimal die Woche
Sauerkraut mit Blutwurst als Mittagessen bestellen kann, obwohl
außer ihm niemand diese Speise mag! Und dergleichen mehr.
Wer schreit und herumbrüllt, kann auch ein »Schein-Oberhaupt«
sein, das in Wirklichkeit harmlos ist und nichts zu melden hat.
Probier doch einmal folgendes aus: Frag alle Deine Familienmit-
glieder, ob sie sich als Oberhaupt fühlen. Falls nur Dein kleiner
Bruder die Frage mit »ja« beantwortet, dann gehört ihr zu einer
Minderheit. Aber auch damit läßt sich leben.
Deine
Tante Olga

20.1.

Wassermann *(21.1.–19.2.)*

Wassermann sucht *Wasserfrau*,
will keine andre küssen,
weiß aber doch recht genau,
er wird sich bescheiden müssen.
Denn Wasserfrauen lieben nur Fische
und teilen mit denen Bett und Tische.

21.1.

Lebenshilfe

Rede dir deinen Jammer vom Herzen.
Das lindert deine Seelenschmerzen.
Laß allen Kummer aus dir raus!
Sprich dich aus, sprich dich aus!

Und hast du zu keinem Menschen genügend Vertrauen,
mußt dir beim Jammern halt im Spiegel zuschauen.

22.1.

Bei uns gibt es alles für den kleinen Puppenvater!
Unsere sprechenden, nässenden und
fütterwilligen Puppenkinder
sehnen sich nach einem lieben Vater.

Puppenkinder brauchen Väter,
sonst werden sie später
alte, neurotische Puppen
und müssen in therapeutische Gruppen!

Puppen und Zubehör bei Spielwaren-Berger!

23.1.

Dialog nach begangener Schandtat

Vater: **Entscheide selbst: Willst du Hiebe
oder dreiwöchigen Entzug von Liebe?**

Kind: **Komm mir doch nicht gar so grob,
spendier mir lieber ein wenig Lob!**

Vater: **Dreimal verdammt soll ich sein,
fiel mir an dir was zum Loben ein!
Du baust ja immer nur Riesenmist,
weil du der geborne Versager bist!**

Kind: **Derart nichts nütze zu sein, ist schwere Lebenslast,
und wenn du das endlich einmal begriffen hast,
dann überwinde dich
und tröste mich!**

24.1.

Selbsthilfe

»Ich bin so unglücklich«, sagte der Hans zur Mutter. »Was soll ich dagegen tun?«

»Versuche es mit guten Taten«, sagte die Mutter. »Tue jeden Tag eine gute Tat!«

»Warum?« fragte der Hans.

»Weil gut sein glücklich macht«, sagte die Mutter.

»Ich will es versuchen«, murmelte der Hans.

Nach drei Tagen erkundigte sich die Mutter, ob es der Hans mit den guten Taten schon versucht habe.

»Ja«, rief der Hans. »Und es hat fabelhaft geholfen! Vorvorgestern habe ich mir Schokolade geschenkt! Vorgestern habe ich mir eine Kinokarte gekauft! Gestern habe ich mir eine Geschichte vorgelesen!«

»Du dir selber? Alles du dir selber?« rief die Mutter entsetzt.

»Na sowieso!« sagte der Hans. »Wer so unglücklich ist wie ich, hat gute Taten wohl am allernötigsten!«

25.1.

ÄUSSERST UNGEWÖHNLICH

Kindchen mühte sich im Meer,
Schwimmflügel an den Armen.

Kam ein großer Fisch daher,
den tat das Kind erbarmen.

Fisch rief: »Setz dich auf meinen Rücken! Ich trage dich
durch die Wogen!«

Kindchen tat's mit viel Entzük-
ken. Dann sind sie losgezogen.

Seit Jahren ziehen nun die beiden durch alle Weltenmeere.

Kindchen mag den Fisch gut
leiden, wüßt nicht, bei wem's
besser wäre!

Manchmal sieht sie ein Hafen-
polizist und denkt, daß er nun
spinne,

weil das ja ganz unmöglich ist
und gewiß eine Täuschung der
Sinne!

26.1.

Ohrfeigen

Nachdem der große Bruder dem Hans wieder einmal eine Ohrfeige gegeben hatte, sagte sich der Hans: »Beim nächsten Mal
wird zurückgeschlagen! Haut er mir eine runter, hau ich ihm
eine rauf! Das ist nur gerecht!«
Und dann dachte sich der Hans: Da die Hände meines Bruders
doppelt so lang sind wie die meinen, muß ich ihm eigentlich
zwei Ohrfeigen geben! Und da sie auch doppelt so breit sind,
muß ich ihm eigentlich vier Ohrfeigen geben. Und da er auch
mit doppelt soviel Kraft zuschlagen kann, muß ich ihm eigentlich acht Ohrfeigen geben, wenn er mir eine gibt! Ob ich das
auch schaffe?
Lange dachte der Hans darüber nach, dann sagte er zu sich: »Ich
glaube, brutale Gewalt sollte in der Familie nicht sein!«

27.1.

28.1.

Wenn meine Eltern daheim sind, kann ich leider oft mit dem Karl nur flüstern. Nur wenn sie im Wohnzimmer sind, können wir richtig laut miteinander reden. Aber so gut schließen unsere Zimmertüren nicht, daß der Karl geheim bliebe, wenn meine Mutter im Vorzimmer ist oder mein Vater in der Küche steht und ein Bier trinkt. Das tut er immer in der Küche.

Gleich beim Eisschrank. Damit ihm meine Mutter nicht vorhält, daß er sich einen Bierbauch ansäuft.

Heute habe ich versucht, dem Karl den Ton wegzudrücken und von seinen Lippen zu lesen. Und ich habe ihn auch tonlos angeredet.

Leider haben wir uns gegenseitig nicht verstanden. Das Lippenlesen muß man wohl lange üben. Außerdem wäre es ohnehin nur halb so gut, mit dem Karl tonlos zu verkehren. Ich habe seine Stimme unheimlich gern. Sie ist ganz tief und richtig samtig.

Manche Wörter spricht der Karl ein klein bißchen merkwürdig aus. So, als ob er ein Ausländer wäre, der sehr gut deutsch kann, aber eine andere Muttersprache hat. Das »r« rollt er zum Beispiel ganz gewaltig. Ich habe ihn gefragt, ob er ein Ausländer ist. Er hat gelacht und zurückgefragt: »Hier? Oder anderswo?«

Da habe ich nicht weiter gebohrt. Weil, das ist so seine Art, mir zu sagen, daß er keine Auskunft erteilen will.

Wenn ich ihn gefragt hätte, ob er ein Inländer ist, hätte er wohl auch zurückgefragt: Hier oder anderswo? Aber ein Unterschied wäre da schon! Weil es Menschen gibt, die nirgendwo Inländer sind. Die sind überall Ausländer. Weil sie staatenlos sind.

Jemand, der überall Inländer und nirgendwo Ausländer ist, existiert nicht. Oder doch? Vielleicht ist der Karl so einer?

Nicht schön, daß sie im Suppenpott
den Teddy und die Puppen sott!

29.1.

Brief an Martina

Wenn Du bei mir zu Besuch bist, reißt Du meiner liebsten Puppe ein Bein aus, schmierst Schokolade auf meine schönen Bücher, sagst, daß bei Dir alles besser sei, steckst heimlich mein neues Matchboxauto ein, schneuzt Deinen Nasenrotz in meine Gardine, lachst meine Oma aus, weil die ein bißchen dick ist, und immer wenn ich es Dir nicht recht mache, sagst Du: Ich geh heim!

Wenn ich bei Dir zu Besuch bin, darf ich Deine liebste Puppe nicht anfassen, bekomme ich ekligen Kakao mit Haut zu trinken, muß ich Dir meine schöne, neue Haarspange schenken, soll ich Dir unsere Rechenhausübung vorsagen, muß ich Deinen widerlichen kleinen Bruder herumtragen, die Schuld an der kaputten Fensterscheibe, die Du eingeschlagen hast, auf mich nehmen, und immer, wenn ich es Dir nicht recht mache, sagst Du: Geh heim!

Wenn ich Dich nicht so schrecklich lieb hätte, würde ich mit so einem hundsgemeinen Luder wie Dir nicht einmal eine Sekunde meines Lebens verbringen!

30.1.

FRAU HUBER UND GATTE

Frau Huber und ihr Gatte bekamen einen Sohn.

Sie packten ihn in Watte und
kauften ihm einen Thron.

Hätschelten ihn, rund um die
Uhr, und liebten ihn über die
Maßen.

Doch der Knabe quengelte nur,
verfiel auch oft ins Rasen.

Er schätzte die viele Liebe nicht,
Watte und Thron warn ihm ein
Graus.

Er war auf Abenteuer erpicht
und verließ eines Nachts das
Haus.

Keiner hat ihn je mehr gesehen. Frau Huber und Gatte
starben vor Gram.

Aber jedes Kind wird sicher
verstehen, daß sich der Sohn
die Freiheit nahm!

31.1.

Frost und Frust
– genau besehn –
sind auch
im Februar nicht schön!
Alte Bauernregel

1.2.

Alle Eltern sind gleich
Alle Kinder sind verschieden

Das Bedürfnis der Eltern ist: *Gebraucht zu werden.*
Das Bedürfnis der Kinder ist: *Eltern nicht zu brauchen.*
So etwas ist ein Konflikt.
Die Schwierigkeiten, die aus diesem Konflikt entstehen, haben
die Kinder zu tragen. Doch gute Eltern helfen ihren Kindern
beim Tragen. Das heißt: Sie kaufen den Kindern einen erstklas-
sigen Rucksack, der das Gewicht schön gleichmäßig auf beide
Schultern verteilt.

2.2.

XY weiß alles!

Lieber **XY,**
ich lese sehr gerne, aber ich weiß nicht, wie man sich verhalten muß, wenn man ein Buch fertig gelesen hat. Darf man die Geschichte weiterdenken? Ganz wie man will? Oder muß man vorher beim Buch-Autor anfragen, wie er das gern hätte?

Deine Elvira

Liebe Elvira,
mit dem Kauf eines Buches hast Du das Recht erworben, die Geschichte, ganz nach Belieben, weiterzudenken. Du kannst sogar, ohne daß der Autor etwas dagegen tun kann, im Buch herumstreichen. Wenn Dir der Name des Helden zum Beispiel nicht gefällt. Wenn der Josef heißt und Dir Franz besser gefallen würde, kannst Du sämtliche Josefs durchstreichen und Franz drüberschreiben. Wenn Du allerdings auf Maria ausbesserst, muß Du auch alle »er« auf »sie« ändern. Ob sich die Mühe lohnt?

Dein **XY**

3.2.

Deutschland – Österreich
1. Lektion

Was bei euch eine Griebe ist,
ist bei uns eine Grammel,
wenn uns der Reis geht,
habt ihr einen Bammel!
Was bei euch ein Furz ist,
ist bei uns ein Schas,
und redet ihr Quatsch,
erzählen wir einen Kas!
Eure Ladenschränke
sind unsere Kasteln.
Apropo Schas!
Es gibt auch einen mit Quasteln -
was bei euch ein Furz
mit Pommeln wär.
Und überreife Tomaten
sind gatschige Paradeiser, bitte sehr!
Bonbons sind Zuckerln,
Locken sind Wuckerln,
depperte Umurken
sind doofe Ziegen,
und wenn wir einen Strauken kriegen,
habt ihr einen Schnupfen.
Und Punkte sind Tupfen!

Soweit die erste Lektion.
Weiteres folgt morgen schon.

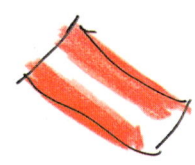

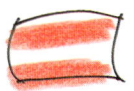

4.2.

Deutschland – Österreich
2. Lektion

Pfannkuchen sind
üblicherweise Omeletten.
Hupfen wir in die Hapfen,
kriecht ihr in die Betten.
Omeletten können aber auch
Palatschinken sein,
und wenn wir piperln,
dann trinkt ihr viel Wein.
Wertloser Kram
ist notiges Klumpert,
und ein Herz, das laut klopft,
das pumpert.
Brötchen sind Semmerln,
Hasenscheiße sind Bemmerln.
Ein Hefenapfkuchen
ist ein Germgugelhupf,
und türmt sich was auf,
dann hat's einen Gupf!
Ein Kuddelmuddel
ist ein Wirrwarr,
und mir wird sehr klar:

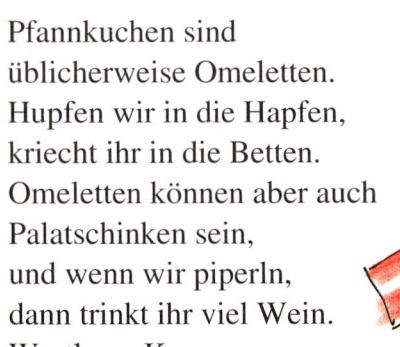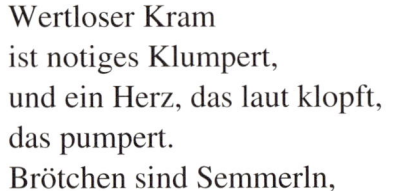

Alle Vokabeln sind nicht in zwei Lektionen zu schaffen,
so schnell ist die Übersetzerei nicht zu raffen !

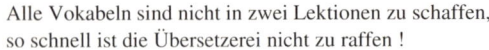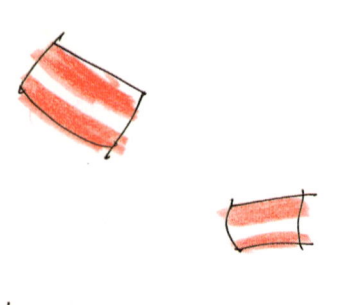

5.2.

Alltagszauber

6.2.

Deutschland – Österreich
3. Lektion

Malochen heißt bei uns hakeln
und unterwürfig sein dackeln.
Eine Tunke
ist eine Soß,
ein Knödel ist ein Kloß.
Macht ihr Zicken, machen wir Faxen,
und Beine sind bei uns Haxen.
Storchenbeine
sind Kakaosprudler,
Kräuterlimonade
ist Almdudler.
Ein Dreikäsehoch
ist ein Zwutschkerl, ein kleines.
Ein fieser Knülch
ist ein Gfrast, ein gemeines.
Stelzen
sind Eisbeine.
Wuzerln sind Krümel, sehr kleine.
Ein Nasenpopel ist ein Rammerl,
und Schweinebauch heißt Wammerl.
Wer bei euch einen Pimmel hat,
hat bei uns ein Zumpferl,
und ein Bleistiftrestchen
ist ein Stumpferl.
Das WC nennen wir Abort.

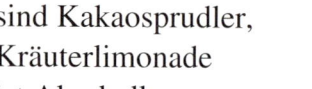

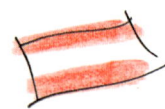
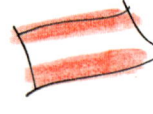

Und morgen fahre ich weiter fort.

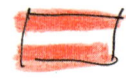

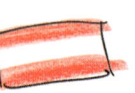

7.2.

Deutschland – Österreich
4. Lektion

Schaufenster sind bei uns Auslagen.
Und wenn wir zu einem Herzbinkerl sagen,
dann ist der unser liebstes Schätzchen.
Und Honigbusserln sind kleine Plätzchen!
Maschen sind Schleifen,
und keppeln heißt keifen.
Ein widerlicher Mensch ist ein Untam,
und Schlagobers ist Süßrahm.
Oder nennt ihr das süße Sahne?
Jedenfalls hat einer, der nach Schnaps riecht,
eine mordsdrum Fahne!

Aber auch wir sind cool
und plantschen im Pool,
haben einen Walkman,
wollen Movies sehn,
fühlen uns O.K., super und fit,
singen den allerletzten Hit,
checken was und fixen,
zahlen cash und mixen,
brüllen »stop«
und sind am Top.

Man sieht: Ob Deutschland oder Österreich,
sehr viele Wörter sind doch gleich!

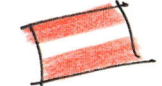

8.2.

Aus dem Tagebuch des Anton M., aufgefunden bei der endgültigen Räumung der Wohnung der Anna M., in Kleinfrasdorf:

9.2.

Also, ein Ausländer kann der Karl wirklich nicht sein!

Heute hat er mir den Deutsch-Aufsatz verbessert und ihn korrigiert wie der Herr Duden persönlich! Und zu jedem Fehler, den ich gemacht habe, hat er mir eine ellenlange Warum-Erklärung geliefert. Aber nicht so eine langweilige wie die, die unser Deutsch-Lehrer runterbetet. Direkt spannend war das!

PS
Daß der Karl wegen seiner perfekten deutschen Grammatik-Kenntnisse ein Inländer sein muß, ist auch ein Holler!

Gerade hat er mir die englischen Sätze diktiert. In Englisch ist er auch perfekt. Und es tut ihm leid, daß ich nicht Französisch in der Schule habe, hat er gesagt. Das ist nämlich seine Lieblingssprache. Und Spanisch, hat er gesagt, mag er auch gern!

Ich habe ihn arg bewundert deswegen. Aber er hat gesagt, das sei ganz normal für ihn, wo im Fernsehen doch fast alle Filme synchronisiert werden müssen. Mehr hat er natürlich wieder nicht verraten. Ich habe gemerkt, daß es ihm unangenehm war, das überhaupt gesagt zu haben.

9.2.

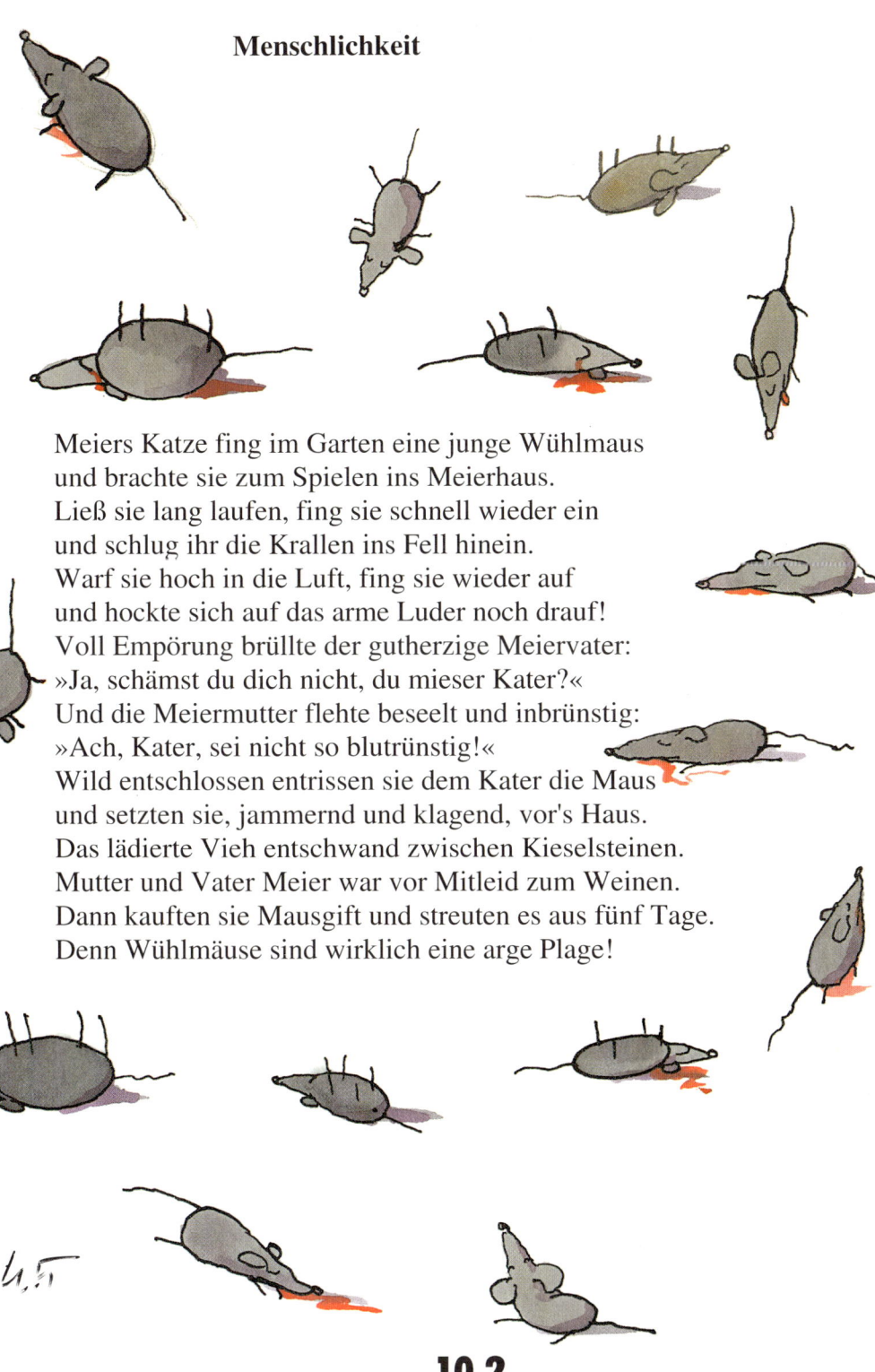

Menschlichkeit

Meiers Katze fing im Garten eine junge Wühlmaus
und brachte sie zum Spielen ins Meierhaus.
Ließ sie lang laufen, fing sie schnell wieder ein
und schlug ihr die Krallen ins Fell hinein.
Warf sie hoch in die Luft, fing sie wieder auf
und hockte sich auf das arme Luder noch drauf!
Voll Empörung brüllte der gutherzige Meiervater:
»Ja, schämst du dich nicht, du mieser Kater?«
Und die Meiermutter flehte beseelt und inbrünstig:
»Ach, Kater, sei nicht so blutrünstig!«
Wild entschlossen entrissen sie dem Kater die Maus
und setzten sie, jammernd und klagend, vor's Haus.
Das lädierte Vieh entschwand zwischen Kieselsteinen.
Mutter und Vater Meier war vor Mitleid zum Weinen.
Dann kauften sie Mausgift und streuten es aus fünf Tage.
Denn Wühlmäuse sind wirklich eine arge Plage!

10.2.

Aus dem Schulbuch ELTERN IN ALLER WELT,
zugelassen für das Unterrichtsfach ELTERNLEHRE,
5. und 6. Schulstufe:

Manche Eltern sind dauernd in Sorge, aus ihrem Kind könnte »nichts Rechtes« werden. Sie haben Angst, es könnte in der Schule »nicht mitkommen«, es könnte auf »die schiefe Bahn« geraten, sich üble Charaktereigenschaften zulegen und dergleichen mehr. Diese Eltern haben kein gut entwickeltes Selbstbewußtsein. Sie halten von der Erbmasse, die sie an das Kind weitergegeben haben, nicht viel.

Merke:
Diese Eltern fragen sich im geheimen stets:
Was kann denn aus einem Kind, das mir nachgerät, schon werden?

Denk darüber nach, ob es in deiner Familie jemanden gibt, den deine Eltern bewundern und für ehrenwert halten. Eine Großtante vielleicht? Oder ein Onkel! Studiere Benehmen, Gestik und Sprechweise dieser Person! Imitiere dies alles. Versuche auch, der Person ähnlich zu sehen. Etwa durch Frisur, Schielblick, Fettleibigkeit oder Abspreizen der Ohren!
Bald werden deine Eltern meinen, ihre Erbmasse habe bei dir nicht angeschlagen, und du kämst total nach dem Onkel bzw. der Großtante. Und sie werden deine Entwicklung weit weniger mißtrauisch begleiten!

11.2.

Kleines Glückwunschgedicht
Der Schwester am Abend aufzusagen

Liebe Schwester,
ich gratuliere dir,
zu dem Brief, den du gestern bekommen,
den hab ich nämlich an mich genommen
und der Familie vorgelesen.
Ach, ist das eine Freude gewesen!
Du weißt doch, wie traurig die Alten oft sind.
Ach, diese Trauer verschwand gestern geschwind!
Daß es so was gibt:
daß dich einer liebt
und daß dich der »Hasimausi« nennt,
das war denen bisher ganz fremd.
Am liebsten haben sie den Satz gehört,
wo dieser Egon »ewige Treue« schwört.
Und wo er schreibt,
wie ihr zusammen in den Mond gesehn,
da kicherte Tante Marie besonders schön.
Dein Brief, gute Schwester, hat es vollbracht:
hat traurige Eltern und traurige Tanten
lachen gemacht.
Sei stolz auf dieses Egon-Schreiben,
umarme mich und laß das Weinen bleiben!

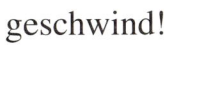

12.2.

Weiß der Kuckuck was?

Weil die Elstern gern glitzerndes Kleinzeug auflesen und damit davonfliegen, nennt man einen Menschen, der stiehlt: *Diebische Elster.*
Weil die Spatzen gern in Schlammpfützen baden und davon schmutzig werden, nennt man einen Menschen, der recht vergammelt ist: *Dreckspatz.*
Weil die Pfaue gern prächtige Räder schlagen, nennt man einen Menschen, der sich mächtig aufputzt: *Eitler Pfau.*
Weil die Tauben so friedlich gurren, nennt man einen Menschen, der nie Streit anfängt und immer nett ist: *Sanfte Taube.*
Aber warum ruft man: *Weiß der Kuckuck warum?*
Warum sollte der Kuckuck etwas wissen, was sonst niemand weiß?

13.2.

Solche und solche

Einer hat eine Brandbombe
durch ein Fenster in ein Asylanten-
heim geworfen.
Hinter dem Fenster haben zwei kleine
Mädchen geschlafen.
Die zwei kleinen Mädchen liegen nun
mit schrecklichen Brandwunden im
Krankenhaus.
Wenn man nun den, der die Brandbombe geworfen hat, ins Krankenhaus
führen würde, zu den zwei kleinen
verbrannten Mädchen, was würde der
denken, wenn er sich die zwei kleinen
verbrannten Mädchen genau anschau-
en müßte?
Würde er denken: Das habe ich nicht
gewollt!
Oder würde er denken: Gute Arbeit
geleistet!
Das kann keiner wissen.
Es gibt solche und solche Bomben-
werfer.

14.2.

Mundhalten

Der Heini
hat eine Fensterscheibe
zerschlagen.
Das sollte er
seinem lieben Vater sagen.
Die Anni
muß heuer auf gute Noten
verzichten.
Das sollte sie
ihrer armen Mutter berichten.
Und Eva
verlor ihre neue Mütze
beim Windeswehn.
Das sollte sie
den guten Eltern gestehn.

Doch alle drei
werden gar nichts erzählen.
Warum
sollten sie denn
ihre Eltern so quälen?
Die sind gerade
enorm fröhlich und heiter.
Da ist
Mundhalten viel gescheiter.

Merke:
Brave Kinder sind sehr verschwiegen,
weil ihre Eltern sonst Sorgen kriegen.

15.2.

Aus dem Tagebuch des Anton M., aufgefunden bei der endgültigen Räumung der Wohnung der Anna M., in Kleinfrasdorf:

16.2.

Der Karl ist einfach Spitze! Ein wirklicher Glücksfall für mich! Seit fast fünf Wochen läuft er jetzt bei mir rund um die Uhr und ist nie grantig und ist immer voll für mich da. Alle Hausübungen sagte er mir völlig fehlerfrei an! Jede Menge »sehr gut« hat er mir schon eingebracht. Meine Lehrer sind ganz begeistert von mir. Ob ich Nachhilfe habe, hat mich unser Klassenvorstand gefragt. Ich habe »ja« gesagt. Der Edi wollte, daß ich ihm die Telefonnummer von meinem Nachhilfelehrer gebe. Er tät auch einen brauchen, hat er gemeint. Ich habe ihm vorgelogen, daß mein Nachhilfelehrer schon total ausgebucht ist. Anscheinend hat er mir das nicht geglaubt. Ich habe gehört, wie er zum Xandi gesagt hat: »Das blöde Strebschwein will bloß nicht, daß sich wer anderer auch verbessert!« Trottel, der!
Das Schönste am Karl ist aber, daß ich mit ihm einfach über alles reden kann. Nur darüber, wieso es ihn überhaupt gibt, will er nichts sagen. Aber Hauptsache, es gibt ihn!
»Genau!« hat er gerade gesagt. Er schaut mir nämlich beim Schreiben über die Schulter.

NB
Ich habe dem Karl versprechen müssen, daß ich in der Nacht nicht mehr den blauen Knopf drücke. Beim Schlafen, hat er gesagt, will er ungestört sein. Ich weiß nicht, ob ich das schaffe. Ich werde mich bemühen. Aber gerade in der Nacht habe ich so oft Sehnsucht nach ihm.

$$1000 \cdot 0,\overline{576} =$$
$$576,\overline{576576}$$
$$-1 \cdot 0,\overline{576} =$$
$$0 \cdot \overline{576576}$$
$$2,\overline{436} =$$
$$2000 \cdot 2,4$$
$$36 \cdots$$
$$0,5\overline{26} =$$
$$\frac{474}{900} = \frac{79}{150}$$
$$2,06\overline{81} =$$
$$\frac{20475}{9900} = \frac{91}{44}$$

16.2.

Höflichkeit

Danke schön,
danke sehr,
danke gut.

Danke wozu,
danke warum, danke wieso?

Wozu schon,
warum sehr,
wieso gut?

Sehr schön,
sehr gut!

Schon gut,
schon gut!

17.2.

Die weite Welt

»Mich zieht es in die weite Welt hinaus, ich will die Fremde kennenlernen«, sprach Herr Meier, packte zwei große Koffer voll, tat sie in den Kofferraum seines Autos, winkte seinen Nachbarn zu und brauste ab. Fuhr und fuhr drauflos, tankte, fuhr und fuhr, tankte, fuhr und fuhr und fuhr … bis er, nach drei Tagen, endlich zu sich sprach: »So, nun bin ich aber ganz weit in der Welt! Fremder kann's gar nicht mehr werden!«

Er mietete sich ein kleines Haus, trug seine Koffer ins Haus hinein und holte allerhand aus den Koffern heraus:

Das Hochzeitsfoto seiner Eltern. Das hängte er an die Wand.

Eine Plastiktischdecke mit Rosen drauf. Die breitete er über den Tisch.

Zwei Kochtöpfe, eine Tasse, zwei Teller und eine Filterkaffeemaschine. Die tat er auf ein Bord über dem Herd.

Ein kleines Kissen aus gestreiftem Samt. Das legte er auf das Bett.

Einen Jogginganzug. Den zog er an.

Dann setzte er sich zum Fernseher und schaute sich den Eurovisions-Song-Contest an und seufzte zufrieden: »Ganz wie zu Hause!«

18.2.

-er-Märchen

Es war einmal
ein kleines Mädchen,
das kaufte sich
jeden Mittag
4 mal 4 Minuten Freundlichkeit.
Weil es vom Schultor
bis zur Konditorei
4 Minuten Wegzeit
waren und
4 Kinder mit ihm
von der Schule zur
Konditorei liefen
und freudlich zu ihm waren.
Denn das kleine Mädchen
kaufte in der Konditorei
4 Lollipops
und verteilte sie an die
4 Kinder.
Und jeden Abend
bekam das kleine Mädchen
     4 mal 4 Ohrfeigen.
     4 von der Mutter,
     4 vom Vater,
     4 vom Bruder und
     4 von der Schwester.
     Weil es denen am Morgen
     4 mal 4 Schilling geklaut hatte
     für die
     4 Lollipops
     für die
     4 Kinder.

19.2.

Fische (20.2.–20.3.)

Fische sind bar aller Schuppen und Gräten,
und werden sie ins Wasser gebeten,
schlottern Nichtschwimmerfischen die Knie,
es sei denn, Neptun gibt Obacht auf sie.

20.2.

Wie sich die Zeiten doch ändern!

Gehen sie noch in den Kindergarten,
dürfen die Kinder einander Küsse geben.
Tun sie selbiges im Gymnasium dann,
können sie von den Lehrern was erleben!

21.2.

*Aus dem Tagebuch des Anton M., aufgefunden bei der endgül-
tigen Räumung der Wohnung der Anna M., in Kleinfrasdorf:*

22. 2.

Ich habe mich gestern in der Nacht nicht an mein Versprechen gehalten und es gebrochen!

Gegen Mitternacht bin ich aufgewacht, weil ich dringend aufs Klo mußte. Wahrscheinlich deswegen, weil ich nach dem Nachtmahl noch vier Dosen Cola getrunken habe. Meine Mutter und mein Vater waren nämlich nicht zu Hause, und da haben sie mir nicht verbieten können, ein zweites, ein drittes und ein viertes Cola aus dem Eisschrank zu holen. Und ich habe mir gedacht, das muß ich ausnutzen!

Wie ich, auf dem Weg zum Klo, durch unser Vorzimmer gehe, sehe ich, daß die Mäntel meiner Eltern noch immer nicht an der Garderobe hängen. Ich habe vorsichtig ins Schlafzimmer hineingeschaut, aber das Ehebett war auch leer. Und im Wohnzimmer die Sitzbank ebenfalls. Dort übernachtet mein Vater manchmal, wenn er vorher mit meiner Mutter sehr arg gestritten hat.

Ganz allein war ich also in der Wohnung. Das bin ich ja öfter. Auch in der Nacht. Aber gestern hat es plötzlich so geknackt und geknorzt und geknarrt. Es war sicher nur der alte Holzfußboden im Wohnzimmer, doch ich habe Angst bekommen.

Und die Angst ist immer größer geworden. Mit Herzklopfen und Bauchziehen und Wackelbeinen.

Ich bin in mein Zimmer zurück und habe den Karl aufgedreht. Die Farbe habe ich ihm ganz weggenommen und die Helligkeit auch

Der Karl ist nicht munter geworden. Das habe ich an seinem leisen, samtigen Schnarchen gehört.

Mit der Fernbedienung in der Hand bin ich dann eingeschlafen. Wahrscheinlich habe ich im Schlaf den blauen Knopf gedrückt. Heute am Morgen jedenfalls war der Fernseher ausgeschaltet.

22.2.

Der Hit der Saison!
Die EINBAU-MUTTER

Wir führen diverse Produkte in Spitzenqualität.
Die Einbau-Mutter kann sich nicht vom Fleck rühren,
ist daher immer vorhanden und einsatzbereit.
Sie hat drei stabile Arbeitsflächen.
Ihre Abdeckplatte gibt es in diversen hübschen Designs.
Jede Einbau-Mutter ist mit einem Thermostat ausgestattet,
sie wird nicht mehr wutheiß oder zornkalt.
Die Einbau-Mutter hat vier handliche, unauffällige Bedie-
nungsknöpfe und eine Zwanzig-Jahres-Garantie.
Zugreifen, solange der Vorrat reicht!
Alte Mütter werden gegen 20% Rabatt zurückgenommen.

Der Hit der Saison!
Die PFAND-MUTTER

Verzichtet auf Einweg-Mütter, kauft keine Wegwerf-Mütter!
Mütter verrotten nicht!
Wenn ihr das letzte bißchen gesunde Umwelt
nicht auch noch verschmutzen wollt,
greift wieder zur guten, alten gläsernen Pfand-Mutter.
Der Einsatz für sie lohnt sich!

23.2.

Haustierärger

Es war einmal eine nette Base,
deren Haustier war ein Hase.
Der war von ängstlicher Natur,
mußte dreimal jährlich zur Kur,
bekam dort Gesprächstherapie
und lauwarme Wickel ums Knie.
Er nahm es auf sich, als lästige Pflicht,
aber mutiger, mutiger wurde er nicht!

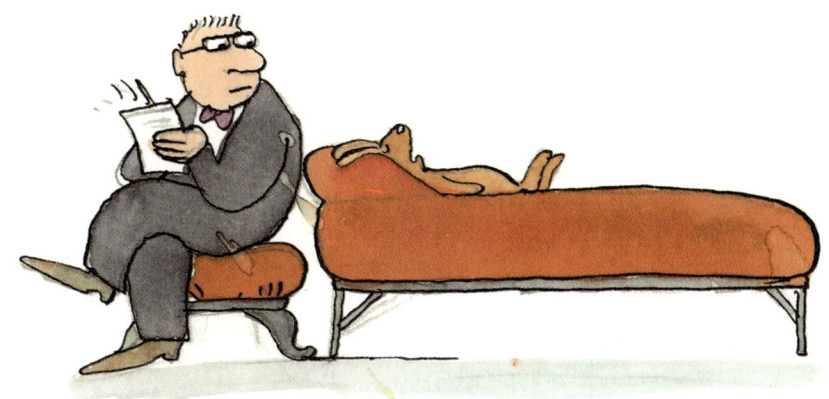

24.2.

Was wäre wenn ...

...am Zeugnistag alle Schüler, aber wirklich alle (auch die mit Notendurchschnitt 1,0), die Annahme ihrer Zeugnisse verweigerten?

...dann würden alle Lehrer die Zeugnisse in Kuverts stecken und mit der Post an die Eltern der Schüler schicken!

...und wenn dann die Eltern die Kuverts gar nicht aufmachen würden? Wenn sie *Annahme verweigert* daraufschreiben würden und das Kuvert wieder in den Postkasten werfen würden?

...dann müßte die Post alle Zeugnisbriefe wieder zu den Schulen zurückbringen. Und die Lehrer würden sagen: »Damit soll sich unser oberster Chef, der Herr Minister, herumschlagen!« Sie würden große Pakete aus den Briefen machen und die Pakete an das Unterrichtsministerium schicken.

...und dann müßte der Herr Unterrichtsminister ein Haus dazu mieten, für alle Zeugnispakete aus allen Schulen. Und dann würde er eine Kommission einsetzen, die die ganze Angelegenheit zu beraten hätte.

...und die würden tagen und tagen und vertagen und wieder tagen und tagen ... aber da kämen schon die nächsten Zeugnisse ... und die wären bei den Schülern und den Eltern wieder nicht gefragt!

...und dann müßte der Herr Unterrichtsminister noch ein Haus dazumieten und noch eines ... und noch eines ... und in allen Räumen dieser Häuser würden Zeugnispacken lagern, bis zu den Zimmerdecken hinauf, Kubikmeter über Kubikmeter von Zeugnissen!

...dann würde bald niemand mehr wissen, wo welche Zeugnisse aus welcher Schule nun lagern.

...und mein Zeugnis würde man schon gar nicht finden! Und dann wäre es ganz wurscht, ob ich in Mathe ein »sehr gut« oder ein »nicht genügend« habe!

25.2.

Es stemmt im roten Hausmantel
ein Leichtgewicht von Maus Hantel.

26.2.

Aus dem Tagebuch des Anton M., aufgefunden bei der endgül-
tigen Räumung der Wohnung der Anna M., in Kleinfrasdorf:

27. 2.

Immer, wenn ich den Karl frage, wieso es ihn
eigentlich gibt, macht er auf Bildstörung. Und
wenn ich nicht locker lasse, passiert ein totaler
Bildausfall.
Ich weiß nicht, ob er nicht sagen will oder nicht
sagen darf.
Aber ich frage lieber gar nicht mehr nach, sonst
bleibt am Ende noch der Bildausfall ein ewiger.

27.2.

KINDER, AUFGEPASST!

War einer hinter dem Gelde her, arbeitete hart, arbeitete schwer.

Gönnte sich keine freie Stunde, sparte sich ab jeden Bissen vom Munde.

Nahm sich nur Zeit zum Zählen der Scheine, andere Hobbys hatte er keine.

Hockt nun, alt und mit weißen Haaren, auf dem Ersparten von 50 Jahren.

Und fragt sich: Wenn ich nun sterbe, wer ist denn dann mein Erbe?

Kinder, besucht den Geiz-kragen gleich! Vielleicht seid ihr dann bald sehr reich!

Und alle vier Jahre gibt es noch den 29. Februar

28.2.

IM MÄRZEN DER BAUER
SEINEN TRAKTOR ANSPANNT
UND AUSSCHAU HÄLT
NACH UNVERSEUCHTEM LAND.

Neue Bauernregel

1.3.

Aus dem Tagebuch des Anton M., aufgefunden bei der endgültigen Räumung der Wohnung der Anna M., in Kleinfrasdorf:

2.3.

Nicht einmal sein Alter will mir der Karl verraten. Da albert er bloß herum, sagt einmal »zwanzig«, einmal »hundertzehn« und einmal »weiß nimmer«. Fast könnte man ihm das glauben. Heute, als ich ihn zu Mittag, nach der Schule, aufgedreht habe, habe ich mir gedacht: Wie ein Opa schaut er aus!

Heute am Nachmittag hat er dann aber wie der Sohn vom Opa ausgeschaut. Oder noch jünger!

Ich bin aber im Schätzen von Lebensjahren überhaupt nicht gut. Ich habe ja auch gedacht, daß die Mutter von der Sissi nur halb so alt wie meine ist. Mensch, war da meine Mutter vielleicht beleidigt! Sie hat gesagt, wenn sie so ein leichtes Leben hätte wie dieser Trampel von einer Sissi-Mutter, dann würde sie auch jünger aussehen.

Ob der Karl ein leichtes oder ein schweres Leben hat, weiß ich nicht. Essen habe ich ihn noch nie gesehen. Zur Arbeit kann er auch nicht gehen. Er ist ja immer daheim, wenn ich den blauen Knopf drücke. Hoffentlich ist er nicht krank. Leute, die immer auf dem Sofa liegen, sind üblicherweise ja krank.

Aber egal, ob der Karl gerade alt oder jung ausschaut, krank schaut er nicht aus. Und wenn man ihn fragt, wie es ihm geht, so sagt er immer: »Danke gut!« Ganz ohne Seufzer oder so was! Total ehrlich klingt es.

2.3.

Morgenworte

»Zeit ist Geld! Zeit ist jede Menge Geld!« sprach Meier senior tagtäglich zu Meier junior, und dann machte er sich an die Arbeit.

Vom frühen Morgen bis in die späte Nacht hinein arbeitete er und gönnte sich kein bißchen Zeit für andere Dinge als Arbeit. Und so hatte er auch keine Zeit zum Geldausgeben. Reich und immer reicher wurde er. Dann starb er eines Tages, und Meier junior erbte das ganze Geld.

»Ich will es meinem Vater gleichtun«, sprach Meier junior.

»Wie hat er doch tagtäglich zu mir gesagt?« Lange dachte Meier junior nach, denn leider war er ein Morgenmuffel und hatte seines Vaters Morgenworte nie so recht mitbekommen. Endlich meinte er, sich genau erinnern zu können. »Ach ja«, rief er, »Geld ist Zeit! Das hat der gute Alte immer gesagt! Geld ist jede Menge Zeit! «

Und dann kündigte Meier junior seinen Job und lebte vom Geld, das ihm Meier senior hinterlassen hatte, und er hatte tatsächlich Zeit, jede Menge Zeit für andere Dinge als Arbeit.

3.3.

4.3.

BERECHTIGTE FORDERUNG

*Möcht allein sein, möcht mich verkrie-
chen, möcht heut keinen sehen, möcht
heut keinen riechen!*

*Fühle mich, ganz ohne triftigen Grund,
schrecklich weh und irrsinnig wund!*

*Könnte die Badewanne mit Tränen
vollweinen. Sinn, mich zu trösten, hat es
wirklich keinen.*

*Drum laßt mich, bitte, endlich in Ruh
und macht doch die Tür von draußen zu!*

5.3.

Was wäre wenn …

…man mich bei meiner Geburt vertauscht hätte?

…dann wären meine Eltern gar nicht meine Eltern, und ich wäre der Oliver Bierbaum; denn nur mit dem könnte ich vertauscht worden sein, weil die Frau Bierbaum im Kreißsaal neben meiner Mutter gelegen hat und an diesem Tag, außer dem Oliver und mir, kein Kind im Krankenhaus zur Welt gekommen ist.

…und wenn ich der Oliver Bierbaum wäre, dann würde ich mich einmal die Woche mit mir treffen, weil meine Mutter und die Frau Bierbaum, seit sie zusammen im Krankenhaus waren, befreundet sind. Jeden Freitag muß ich mit meiner Mutter die Bierbaums besuchen, obwohl ich nicht mag, denn der Oliver ist ein blödes Kind. Aber meine Mutter sagt, er kann nichts dafür, sein Vater ist schuld, der erzieht ihn so komisch!

…und wenn ich nun vertauscht worden wäre, dann hätte mich der Herr Bierbaum so blöd erzogen, und ich wäre so komisch!

…und meine Mutter brauchte mich gar nicht so zu schimpfen, wenn ich dem Oliver eine runterhaue.

…könnte ja leicht sein, daß ich mir jeden Freitag selbst Ohrfeigen gebe!

Beichtzettel

Lieber Gott,
einmal habe ich fürchterlich geflucht,
zweimal die heilige Messe nicht besucht,
dreimal meinen Vater nicht sehr geliebt,
viermal gehofft, daß mir Jonni Küsse gibt,
fünfmal Fliegen so zum Spaß totgemacht,
sechsmal gelogen und darüber noch gelacht,
siebenmal allerhand blöden Kram gestohlen
und
achtmal total gierig und unverhohlen
meiner besten Freundin Taschengeld begehrt
und Dich **neunmal** überhaupt nicht verehrt.

Soll ich das alles nun wirklich dem
Schwarzen im Beichtstuhl berichten?
Ich mein, wo ich Dir's schon selber gesagt hab,
können wir drauf verzichten.

7.3.

Satzzeichentragödie

Das Fragezeichen und das Rufzeichen verliebten sich ineinander und
waren sehr glücklich. Doch der Punkt und der Beistrich, der Bindestrich
und der Strichpunkt waren darüber sehr entsetzt. »Nie kann das gutgehen«,
sagten sie zum Rufzeichen und zum Fragezeichen. »Einer kerzengerade
und einer doppelt krummgebogen, das paßt nicht zusammen!«
Solange redeten sie auf das Rufzeichen und das Fragezeichen ein, bis die
beiden es sich zu Herzen nahmen und dachten: Wenn das so ist, dann muß
ich mich anpassen! Für meine große Liebe bin ich zu allem fähig!
Ganz heimlich schlich das Rufzeichen zum Schriftsetzer und ließ sich von
dem auf ein Fragezeichen verbiegen. Und das Fragezeichen schlich ebenso
heimlich zum Schriftsetzer und ließ sich auf ein Rufzeichen strecken.
Durchs Verbiegen wurde aus dem Rufzeichen natürlich ein sehr kleines
Fragezeichen, und durchs Strecken wurde aus dem Fragezeichen natürlich
ein sehr großes Rufzeichen. Und als sie dann einander – auf klein verbogen
und groß gestreckt – wiedersahen, fingen sie zu weinen an. »Ich kann keinen lieben, der viel größer ist als ich!« schluchzte das kleine Fragezeichen.
Und »Ich kann keinen lieben, der viel kleiner ist als ich!« schluchzte das
große Rufzeichen. Dann gingen sie auseinander. Und der Punkt, der
Beistrich, der Bindestrich und der Strichpunkt nickten einander zu und
sagten: »Wir haben es ja von Anfang an gewußt!«

8.3.

Besorgte Eltern, Achtung!!!

Neu auf dem Markt: Die Ampel-Mütze.
Die Ampel-Mütze ist aus Baumwolle,
hat zwei Ohrenklappen
und in diesen ausfahrbare Rotlichter!
Mit der Ampel-Mütze wird Ihr Kind kreuzungsunabhängig!
Das Kind steigt vom Gehweg,
fährt seine beidseitigen Rotlichter aus
und schreitet,
als *seine eigene Ampel*, durch den starr stehenden Verkehr.

Außerdem:

Handliche, vollelektronische Bremszeitmesser im Sonderangebot!
Ob man vor einem nahenden Auto die Fahrbahn noch überque-
ren kann, hängt vom Bremsweg des Autos ab, welcher sich aus
dem während der Bremsenansprechzeit und der Bremsverzöge-
rungszeit zurückgelegten Weg zusammensetzt und von der Ge-
schwindigkeit und Bremskraft des Autos abhängt.
Klar, daß ein Kind all dies nicht abschätzen kann!
Unsere Bremszeitmesser können es! Der Bremszeitmesser wird
dem Kind an die Stirn geschraubt. Richtet das Kind den Blick zö-
gernd auf den nahenden Verkehr, weiß der Bremszeitmesser in
0,01 Sekunden Bescheid und gibt bei drohender Gefahr einen
Elektro-Warn-Stoß ab, der das Kind auf den Gehweg zurück-
schleudert.

Bremszeitmesser und Ampel-Mütze sind zwar sauteuer!
Aber bevor Sie, liebe Eltern, Ihrem Kind pro Woche fünf Nach-
hilfestunden bezahlen, kaufen Sie lieber Ampel-Mütze und
Bremszeitmesser.
Tote Kinder sind ohnehin keine klugen Kinder mehr!

9.3.

Das verkehrsgerechte Kind

10.3.

Was wäre wenn ...

...alle Menschen plötzlich häßlich fänden, was bisher als schön gegolten hat? Und schön, was ihnen bisher häßlich vorgekommen ist?

...Dann würden die Fräuleins mit den Hakennasen und den Sülzebeinen und den Wabbelbäuchen zu Schönheitsköniginnen gekrönt werden. Und die männlichen Filmstars, für die alle Teens schwärmen, wären Männer mit Glatze und Mausaugen.

...und dann würden sich die Miss-Universen der vergangenen Jahre daheim die Augen aus dem Kopf weinen und jammern: »Warum bin ich bloß so ein mieses Stück!«

...dann würden auch alle Blumen häßlich sein, und alle Bäume und die Berge und das Meer.

...dann würden nur die Kellerasseln und die Grottenolme und die Spinnen und Fleischmaden schön sein und bewundert werden. Und zu den barocken Schlössern würde man »Pfui, wie abscheulich!« sagen.

...und dann wäre der graue Betonklotz, in dem ich wohne, ein Wunderwerk an Architektur, und die Menschen kämen von weit und breit, um ihn zu besichtigen, und ich würde Führungen veranstalten. Pro Person zwanzig Pfennig würde ich verlangen.

...und dann könnte ich mir ein häßliches Haus kaufen, in dem sich gut leben läßt.

11.3.

Kleines Glückwunschgedicht
Am Bahnhof, bei der Heimkehr vom Skikurs, aufzusagen

Vater, hier bin ich!
Das Bein ist gebrochen.
Den Gips,
den behalt ich
für sieben Wochen.
Walters Vater
wird dich verklagen,
denn ich habe dem Walter
die Brille zerschlagen.
Was von den Skiern
noch übrig ist,
liegt teils auf der Piste,
teils auf dem Mist.
Wegen der Rechnung
für die Fensterscheiben
wird dir der Wirt
persönlich schreiben.
Und den Fotoapparat,
den find ich nicht mehr.
Herzlichen Glückwunsch
zu meiner Wiederkehr!

12.3.

Aus dem Schulbuch ELTERN IN ALLER WELT,
zugelassen für das Unterrichtsfach ELTERNLEHRE,
5. und 6. Schulstufe:

Nicht alle Kinder nennen die Eltern »Eltern« bzw. die Mutter »Mutter« und den Vater »Vater«. Seit eh und je werden Eltern auch »meine Alten« genannt. In letzter Zeit ist es auch gebräuchlich statt »Mutter« und »Vater« die Vornamen der Eltern zu verwenden. Je nach Familienlage gibt es auch »Kosenamen« positiver oder negativer Art für Vater und Mutter (Muschi, Mumi, Tati, Patschi, Fuchtel, Vettel, Grausköpfe, Mutterweib usw). Um sich von den Eltern zu distanzieren, ist es auch möglich, sie mit ihrem Familiennamen anzureden. Also: »Herr Meier« und »Frau Meier«. Unter Umständen wäre in solchen Fällen auch das unpersönliche »Sie« statt des üblichen »Du« angebracht.

Merke:

Aus der Anrede, die für Eltern benutzt wird, ist der Grad von Zuneigung zu erkennen, die ein Kind für seine Eltern hegt!

Überlegt gemeinsam, ob ihr wirklich den treffenden Ausdruck für eure Eltern benutzt. Schreibt passende Ersatzausdrücke auf!

13.3.

14.3.

Aus dem Tagebuch des Anton M., aufgefunden bei der endgültigen Räumung der Wohnung der Anna M., in Kleinfrasdorf:

15.3.

Heute war der Karl böse auf mich, weil ich mit der Farbstärketaste herumgespielt und sein Gesicht abwechselnd leintuchbleich und indianerrot gefärbt habe. Und damit nicht aufgehört habe, obwohl er »laß das« gesagt hat.

Er ist aus seinem Zimmer gegangen und hat die Tür hinter sich zugeknallt. Da ist mir das Herz fast stehengeblieben! Ohne ihn, habe ich gemerkt, könnte ich gar nicht mehr sein. Richtig hysterisch bin ich geworden. Zum Fernseher bin ich hin und hab oben drauf geschlagen und gebrüllt: »Komm wieder! Ich brauch dich!«

Der Karl hat gemerkt, wie verzweifelt ich bin. Gleich ist er wieder hereingekommen. Und ich hab ihm geschworen, daß ich ihn nie mehr mit dem Farbknopf ärgere. Ich hätte es ja auch nie im Leben getan, wenn ich gewußt hätte, daß dem Karl heiß und kalt wird, wenn ich ihn umfärbe.

15.3.

Aus der Kinder-BILD vom 16.3.
Inseratenteil

Wer tauscht für den Freizeitbereich Eltern mit mir? Biete einen Jogger-Bergsteiger und eine Skiläuferin-Schwimmerin. Suche einen alleinerziehenden Fernschauer. Wertausgleich bis zur halben Taschengeldration möglich. Unter »Muskelkater« an den Verlag.

16.3.

Sich regen
bringt Segen.
Spricht aber auch nichts dagegen,
sich auf die faule Haut zu legen!

17.3.

Aus dem Schulbuch ELTERN IN ALLER WELT,
zugelassen für das Unterrichtsfach ELTERNLEHRE,
5. und 6. Schulstufe:

Eltern werden hin und wieder in die Schule ihres Kindes vorgeladen. Der Weg
zur Schule ist für fast alle Eltern ein sehr schwerer Gang! Den meisten Eltern
sitzt nämlich die eigene Schulzeit noch übel in den Knochen (kann auch im
Magen liegen). Beim Betreten des Schulhauses bekommen sie Schlotterknie,
Schwitzhände und einen Frosch im Hals. Eine tiefsitzende Angst kommt in
ihnen wieder hoch. Schließlich stehen sie vor dem Lehrer und haben alles vergessen, was sie diesem an den Kopf werfen wollten, und sagen bloß: »Ja, ja«
und »sehr wohl« und dergleichen untertäniges Gebrabbel.

Merke:
In der Schule werden die Eltern wieder zu Schülern, die nicht aufzumüpfen wa-
gen!

*Besprecht in der Klasse, ob das auf eure Eltern auch zutrifft. Fragt bei euren Lehrern nach! Laßt
euch von denen erzählen, wie sich eure Eltern am Elternsprechtag benehmen! Vergleicht es mit
dem, was eure Eltern erzählen, wenn sie vom Sprechtag heimkommen!*

18.3.

Warum?

Das alte, verfettete Nashorn
hat sein Horn gar nicht gern vorn.
Es hätte den Zinken lieber am Po.
Warum? Ich denk mir's halt so!

19.3.

Aus dem Tagebuch des Anton M., aufgefunden bei der endgültigen Räumung der Wohnung der Anna M., in Kleinfrasdorf:

20.3.

Heute, vor dem Nachtmahl, ist etwas Komisches passiert: Ich liege auf meinem Bett, der Karl liegt auf seinem Sofa, wir reden gerade darüber, ob sich Ehepaare, die dauernd streiten müssen, nicht besser trennen sollten, da kommt meine Mutter ins Zimmer herein. Sie schaut ganz böse und schimpft, daß ich eine »Sauwirtschaft« habe. Und ich habe die Fernbedienung gerade nicht in Reichweite, um den Karl wegzudrücken! Der hat natürlich sofort zu reden aufgehört, wie meine Mutter hereingekommen ist, und liegt nun stockssteif auf dem Sofa. Meine Mutter schaut aber ohnehin nicht zum Fernseher hin. Sie grapscht sich meinen Papierkorb und stopft alles, was auf dem Boden liegt, hinein. Meine Physik-Zettelarbeit und den Brief von Oma auch. Dabei keift sie: »Ganz der Vater! Genauso ein schlampiger Dreckfink!«

Ich springe auf, weil ich nicht einsehe, daß ich auslöffeln muß, was ihr mein Vater eingebrockt hat. Immer muß sie ihre Wut auf ihn an mir auslassen!

Ich reiße ihr den Papierkorb aus der Hand. Sie gibt mir eine Ohrfeige. Eine von der kräftigen Sorte.

Da sagt der Karl ganz laut: »Große, dicke Mütter, die kleine, dünne Kinder hauen, sind wirklich das Allerletzte, dreimal pfui über sie!«

Meine Mutter, die zu einer zweiten Ohrfeige ausholen will, läßt den Arm sinken und starrt den Karl an. Der setzt sich auf, verneigt sich und sagt: »Damit, liebe Kinder, sind wir am Ende der Kinderstunde angelangt und singen nun zum Abschied unser kleines Lieblingsliedchen!« Und dann singt er, reichlich falsch und nach der Melo-

die von »O Tannenbaum«: »Pfui, Mutterfraun, pfui, Mutterfraun, die Kinder in die Goschen haun!«

Meine Mutter rennt ins Vorzimmer und ruft beim TV-Kundendienst an und beschwert sich über die »infame Sendung«, die gerade gelaufen ist. Gott sei Dank haben die aber auf Tonband geschaltet gehabt. Es hat sie also keiner darüber aufklären können, daß heute gar keine Kinderstunde im Programm ist.

Ich muß sagen: Das war die lustigste Ohrfeige, die ich bisher in meinem ganzen Leben bekommen habe!

20.3.

Widder (21.3.–20.4.)

Widder-Geborene
sind Auserkorene!
Die Sterne sind ihren Hör-
  nern hold,
verwöhnen sie mit Glück
  und Gold!

Ist ein weiblicher *Widder*
  ein Schaf?
Diese Frage raubt man-
  chem Sterndeuter den
  Schlaf.
Vielleicht sollte man männliche Widder Schäfer
  nennen,
dann könnten die Stern-
  deuter wieder ruhig pen-
  nen.

21.3.

22.3.

Das Kuratorium für Vorrang im Verkehr teilt mit:

Zur Bekämpfung von Kinderunfällen im Straßenverkehr sollen neue und endlich zielführende Maßnahmen gesetzt werden.
So soll – unter anderem – der Aufenthalt von Kindern auf öffentlichen und privaten Verkehrsflächen wie Straßen, Gehwegen, Höfen und deren Einfahrten nur in Ausnahmefällen und mit besonderer Bewilligung gestattet sein.
Kinderspiele sind ab sofort nur hinter Zaunanlagen mit einer Mindesthöhe von drei Metern gestattet. Als Ausgleich empfiehlt das Kuratorium, die Anschaffung von Tele-Computer-Spielen zu verbilligen und staatlich zu stützen, da Kinder nur vor dem Fernsehapparat – wie eine Untersuchung ergab – optimal verkehrssicher aufbewahrt sind.

23.3.

Aus dem Tagebuch des Anton M., aufgefunden bei der endgültigen Räumung der Wohnung der Anna M., in Kleinfrasdorf:

24. 3.

Die falsche Kinderstunde hat ein Nachspiel gehabt. Die Lore und die Käthe, die zwei Freundinnen meiner Mutter, sind gestern am Abend zum Tarockspiel gekommen. Meine Mutter hat ihnen von der »infamen Kinderstunde« erzählt.

Da hat die Lore drauf gesagt: »Zu blöde, daß ich das nicht gesehen habe, ich habe mir die Serie im zweiten Programm angeschaut, die mit der Sklavin!«

Worauf die Käthe gesagt hat: »Aber ich habe das erste Programm angehabt! Beim Bügeln schaue ich immer fern! Da war keine Kinderstunde, da war der französische Koch, der berühmte!«

Die Mama muß sich in der Zeit irren, haben sie gesagt.

Meine Mutter hat natürlich widersprochen! Sie ist doch nicht blöde, hat sie gesagt. Sie weiß genau, daß diese Kinderstunde um 19 Uhr zu Ende war! Sie hat auf die Uhr gesehen, während sie sich telefonisch beim Kundendienst beschwert hat!

Kopfschüttelnd haben die Lore und die Käthe unser Fernsehprogramm genommen und der Mama gezeigt, daß gestern überhaupt keine Kinderstunde im Programm war. Aber meine Mutter hat darauf beharrt, daß da eine Kinderstunde gewesen ist! Sie ist ja nicht blöd, hat sie wiederholt! Sie weiß doch, was sie vor zwei Stunden mit eigenen Augen gesehen und mit eigenen Ohren gehört hat! Mich hat sie als Zeuge herbeigerufen.

Bevor ich mir noch recht überlegt hatte, was ich denn sagen soll, hat aber die Lore gesagt: »Berta, es ist lächerlich, daß du immer so stur bist und felsenfest auf einem Unsinn beharrst!«

Und die Käthe hat hinzugefügt: »Das ist doch kindisch!«

Und da hat meine Mutter gesagt, sie sollen gehen! Solche Freundinnen braucht sie nicht. Und die zwei sind abmarschiert und haben gesagt, daß meine Mutter schon langsam »komisch« wird. Und immer komischer!

24.3.

Der Vati
haut Kati.
Die Kati
haut Kurti.
Kurti
haut Kitti.
Und wen haut Kitti, die kleine?

Den *Watschomat!*

Watschomat, in vier Größen,
ab 30 Mark im Fachhandel.

Watschomat, das Gerät zum Abreagieren
für den Kleinsten in der Familie.

25.3.

BEHINDERTE
WOLLEN
KEIN MITLEID,
DACHTE
DER JOGGER
UND
HIELT NICHT AN,
UM
DEM ROLLSTUHLFAHRER
DIE TÜR
AUFZUHALTEN.

26.3.

Aus dem Schulbuch ELTERN IN ALLER WELT,
zugelassen für das Unterrichtsfach ELTERNLEHRE,
5. und 6. Schulstufe:

Eltern sehnen sich nach Lob und Anerkennung. In der Kindererziehung hat sich längst der Grundsatz, daß man mit Lob mehr als mit Strafe erreicht, durchgesetzt. Dieser Grundsatz sollte auch für die Elternerziehung gelten! Die härtesten Eltern werden durch Kinderlob weich!

Merke:
Keine Eltern sind so mies, daß es an ihnen nicht etwas zu loben gäbe!

Zu vermeiden ist jedoch »falsches« Lob. Es ist zum Beispiel ein grober Lob-Fehler, die Mutter gerade dann für das »gute Mittagessen« zu loben, wenn sie Tiefkühl-Fertigkost auftischt! Warte mit dem Mittagessen-Lob, bis die Mutter selbst gekocht hat! Greife hierbei nicht zu groben Lügen, denn die werden durchschaut. Halte dein Lob unverfänglich. Etwa: »Schmeckt sehr interessant!«

27.3.

Was wäre wenn...

...sich zwei Geschwister voneinander scheiden lassen könnten?

...dann müßten sie nicht mehr miteinander auskommen, und das eine könnte wegziehen. Aber weil ein Kind zu jung ist, um ganz alleine zu leben, müßte wohl ein Elternteil mit ihm gehen.

...und wenn die Eltern das nicht wollten, weil sie gut miteinander auskommen?

...dann müßte das Gericht ihnen das eben vorschreiben. So, wie es das Gericht ja auch mit den Kindern macht, wenn sich die Eltern scheiden lassen! Und dann würde ein Besuchstag pro Woche festgesetzt werden, wo die Kinder das Elternteil, das nicht bei ihnen lebt, sehen und spazierenführen dürfen. Und am Abend würden sie dann das Elternteil wieder zu dem Kind, dem es zugesprochen wurde, zurückbringen!

...und dann würde ich endlich wieder einmal meinen Vater sehen, denn ich würde die Besuchstage nicht immer so vergessen wie er!

28.3.

XY weiß alles!

Lieber **XY,**
was soll das Sprichwort »Faules Fädchen, langes Mädchen« bedeuten?

Deine Elsi

Liebe Elsi,
das ist leicht erklärt. Wenn sich ein langes Mädchen Garn kauft,
um sich daraus einen Pullover zu stricken, dann schaut das Garn-
knäul ganz entsetzt und denkt sich: Um Himmels willen, das
wird eine Menge Arbeit, da rolle ich ja ewig und ewig vor mich
hin, da muß ich mich ja zu Millionen Maschen verschlingen! Das
wird eine Plage!
Na, Elsi, jetzt merkst du ja schon selber, das Garn-Fädchen ist
doch wahrlich faul!

Dein **XY**

PS
Falls Du aber das Sprichwort »Langes Fädchen, faules
Mädchen« meinst, muß ich leider passen. Alles weiß auch Dein
XY nicht!

29.3.

Der siebente Himmel

Der Hans hatte den ganzen Kummer satt und beschloß, im sie-
benten Himmel zu schweben.
»Hans«, sagte die Mutter, »nimm aber einen Fallschirm mit!«
»Nein«, sagte der Hans. »So ein Fallschirm hat sein Gewicht!
Mit einem Fallschirm im Gepäck gelangt man höchstens in den
sechsten Himmel!«
»Dann wirst du aber eines Tages aus allen Wolken fallen«,
schluchzte die Mutter.
Der Hans machte sich trotzdem ohne Fallschirm auf die Reise.
Er war sich ganz sicher, daß der siebente Himmel voller Geigen
hängt, an denen man sich festhalten kann.

30.3.

Westwind

War einmal einer,
den liebte keiner.

Schrieb er auf ein Blatt Papier:
»Bin einsam! Wer ist nett zu mir?«

Faltete einen Flieger daraus,
warf ihn zum Fenster hinaus.

Westwind trug ihn zum Wald,
fand ihn ein Häschen bald.

Wär zur Liebe bereit gewesen,
konnt aber leider nicht lesen.

31.3.

1.4.

*Gibt's im April
noch Eis und Schnee,
tut das
den Sommerreifen weh!*

Neue Bauernregel

2.4.

RAT UND SCHLAG
von Tante Olga

Liebe Tante Olga,
ich war früher so ein heiteres Kind. Nun bin ich das Gegenteil.
Wo ist meine gute Laune hingekommen?
Deine Traute

Liebe Traute,
ich habe, weil das ein ernstes Problem ist, nachgeforscht. Ich
kann Dir mitteilen, daß sich im Moment sehr viele gute Launen
im Fundbüro befinden, wo sie verzweifelt darauf warten, von
ihren Besitzern abgeholt zu werden. Ob Deine gute Laune dabei
ist, weiß ich nicht. Aber auf alle Fälle haben sie dort ein paar gute
Launen, die schon über zehn Jahre im Depot verstauben und die
gegen ein kleines Entgelt abgegeben werden. Nimm eine solche!
Aufgebürstet und weichgeklopft, wird sie Dir noch gute Dienste
leisten.
Deine Tante Olga

3.4.

Aus dem Schulbuch ELTERN IN ALLER WELT,
zugelassen für das Unterrichtsfach ELTERNLEHRE,
5. und 6. Schulstufe:

Manche Eltern verfallen leider dem Wahnsinn. Besonders häufig tritt bei Müttern der sogenannte »Wir-Wahn« auf. Dann macht die Mutter des Kindes Angelegenheiten dermaßen zu den ihren, daß sie bald nicht mehr zwischen sich selbst und dem Kind unterscheiden kann.
Sie sagt: »Wir machen jetzt nicht mehr in die Hose!«
Sie sagt: »Wir haben auf den Aufsatz einen Fünfer bekommen!«
Sie sagt: »Wir haben uns schrecklich verliebt!«
Und sie bekommt Weinkrämpfe, wenn man sie darauf aufmerksam macht, daß es sich nicht um ihre Hose, ihren Aufsatz und ihren Geliebten handelt.

Merke:
In solchen Fällen nicht selber herumdoktern! Einen Facharzt aufsuchen!

4.4.

Abc-Geschichte (etwas verblödet):

Acht
Bärtige
Chormusiker
Durchsuchten
Ein
Finsteres
Gewölbe.
Hier,
In
Jenes
Kellers
Loch
Mußte
Nämlich
Ottokars
Prächtige
Querflöte
Ruhen.
Süßere
Töne,
Unendlich
Verzaubernd,
Will
Xylophonist
Ybbsthaler
Zuwegebringen.

Zyx-Geschichte (noch weitaus verblödeter):

Zahnloser
Yogi,
X-beinig
Wie
Vater
Und
Tante,
Sieht
Ratlose
Querköpfe
Pfeifend
Obern
Nagelbrett
Meditieren.
Längst
Kennt
Jeder
Inder,
Hunger
Gewohnt,
Fürchterliche
Entbehrungen.
Das
Christentum
Brächte
Abhilfe!

5.4.

Die Buchgemeinschaft von A–N

Lesen ist schön, aber müssen es immer gleich alle 26 Buchstaben sein?
Die Buchgemeinschaft A–N legt die bedeutendsten Dichter der Gegenwart vor, ohne die Leser mit O–Z zu belästigen.
Keine Mühe mehr mit P, Q und T. Kein Ärger mit dem schwierigen U und dem hinterhältigen W, das früher so oft mit einem Doppel-V verwechselt wurde.
In Planung: Kleinkinderreihe A–F.
Werden Sie A–N-Mitglied, und das Lesen macht wieder Spaß!

6.4.

Aus dem Tagebuch des Anton M., aufgefunden bei der endgültigen Räumung der Wohnung der Anna M., in Kleinfrasdorf:

7.4.

Gerade wollte der Karl von mir wissen, wieso ich eigentlich keine Freunde habe. Ich habe es ihm nicht erklären können. Ich bin einfach kein beliebtes Kind. Der Karl meint, das rede ich mir bloß ein. Und weil ich selber davon überzeugt bin, glauben es die anderen auch. Er will mich sicher nur trösten. Aber seit ich ihn habe, brauche ich keinen Trost deswegen.

So einen guten Freund wie den Karl gibt es unter den Kindern, die ich kenne, überhaupt nicht.

7.4.

Es säuft

das alte Warzenschwein

nur schweren kühlen schwarzen

Wein!
8.4.

ANZEIGE

2

Hinweis für alle Eltern, deren Kinder in der Schule vom Sitzenblei-
ben bedroht sind:
Kinder, die mit *Dr. Boetkers Dauerhefe* angerührt werden, bleiben
nicht sitzen!
Dauerhefe-Kinder steigen auf, sind locker, leicht und flaumig!
Dauerhefekinder gelingen immer!
(Pro 500 Gramm Körpergewicht reicht eine Packung.)

9.4.

Von mir aus

Ich habe
zwei kleine Kieselsteine gefunden,
die waren
so grau wie deine Augen.

Ich habe
meine Hand in ein Wasser gehalten,
das war
so weich wie deine Haut.

Mir hat
ein Wind ins Gesicht geweht,
der war
so warm wie dein Atem.

Ich habe
mir ein kleines Feuer angezündet,
das war
so rot wie deine Haare.

Ich habe
einen glänzenden Käfer gefangen,
der war
so schwarz wie deine Seele.

Jetzt
brauchst du nicht mehr bleiben,
jetzt
kannst du gehn.

10.4.

Aus dem Schulbuch ELTERN IN ALLER WELT,
zugelassen für das Unterrichtsfach ELTERNLEHRE,
5. und 6. Schulstufe:

Eltern sind der festen Überzeugung, den Kindern an Wissen und Bildung überlegen sein zu müssen. Dieses trifft jedoch manchmal nicht zu. Mathematik zum
Beispiel ist ein Gebiet, wo Eltern oft kaum Bescheid wissen. Da hat sich das
einstmals Erlernte im Laufe der Jahre auf die vier Grundrechnungsarten redu-
ziert! Quäle also die Eltern nicht dadurch, daß du dich bei ihnen danach er-
kundigst, wie eine Gleichung mit drei Unbekannten zu lösen sei!
Falls sich Eltern irrigerweise von selbst in die Lösung deiner Hausübungen einmischen und dabei sagenhaften Plunder von sich geben, kläre sie bitte nicht
auf! Sie würden sonst in ein seelisches Tief geraten. Übertrage ruhig den Unsinn, den sie verzapfen, in dein Hausübungsheft. Halte vor ihnen auch geheim,
was der Lehrer mit Rotstift unter diese Arbeit geschrieben hat.

Merke:
Besser eine schlechte Note als verunsicherte Eltern!

11.4.

Auszählreime

Einer ist reich
und einer ist arm,
einer erfriert
und einer hat's warm.

Einer stiehlt
und einer kauft,
einer schwimmt oben
und einer ersauft.

Einer riecht gut
und einer stinkt,
einer fährt weg
und einer winkt.

Einer hat Überfluß
und einer hat Sorgen,
einer kann schenken
und einer muß borgen.

Einer hat Hunger
und einer hat Brot.
Einer lebt noch
und einer ist tot.

12.4.

Liebe Mutter,

mir ist ein Stein vom Herzen
gefallen, seit ich weiß, daß
ich ein ungeplanter Nachwuchs
bin. Jahrelang habe ich im
irrigen Glauben gelebt, ein
"Wunschkind" zu sein, und mir
heftige Vorwürfe gemacht, Dich
nicht als "Wunschmutter" sehen
zu können.
Wir haben uns also beide weder
geplant noch gewünscht, sind
also quitt und somit herzsteinfrei!

Dein
erleichterter
Sohn

13.4.

Schuldfrage

Wenn meiner Mutter der Toast zu Kohle verbrennt,
wenn mein Vater seinen Kontostand völlig verkennt
und mein großer Bruder am Morgen total verpennt,

ist ihnen sofort klar,
wer schuld an der Sache war.

Auf unseren Uralt-Toaster redet sich Mutter aus,
auf einen defekten Computer läuft's bei Vater raus,
und mein Bruder wirft den Wecker aus dem Haus!

Nur wenn **ich** was versaue,
wenn **ich** Mist baue,
muß **ich** selber schuld daran sein.
Das finde ich unerlaubt gemein!

14.4.

Schulgesetz

Wenn nicht das kleinste bißchen Solidarität
helfend durchs muffige Klassenzimmer weht,
wenn es bloß dumpfig nach Duckmäusern riecht
und Strebertum durch die Pultreihen kriecht,
wenn Leistungsdruck über den Köpfen schwebt
und jedermann nur zittert und bebt
und die Luft nach kalter Kinderangst schmeckt,
gehört der Lehrer sofort ins Gefängnis gesteckt!

15.4.

Hasengeschichte

Oft, am Abend im Bett, da denke ich mir:
Über dem großen Meer, weit weg von hier,
da gibt es eine hohe, steile Felsenküste
und dahinter eine weite, ganz öde Wüste
und dort, mitten im Sand, eine kleine Oase,
und in der lebt ein winziger kleiner Hase.
Frißt Disteln und ist mutterseelenalleine,
denn andere Viecher gibt es dort keine.
Er sehnt sich nach Freunden und Löwenzahn
und fragt: »Wer hat mir die Einsamkeit angetan?«
Wüßt er, daß ich ihn so ausgedacht, zum Spaß,
der hätt' auf mich sicher einen riesigen Haß!

16.4.

Ein neues Gesetz

Es war einmal ein herzensguter König, der beschenkte jedes Jahr zu seinem Geburtstag seine Untertanen mit großen Reichtümern. Ein Jahr kamen alle Männer dran, ein Jahr alle Frauen, ein Jahr alle Kinder. Als wieder einmal die Kinder an der Reihe waren, wollte er für jedes Kind ein BMX-Rad kaufen. Doch sein Finanzminister sagte: »Chef, heuer geht's nicht! Die Kasse ist komplett leer!« Da fing der König zu weinen an. Aber sein Sohn sagte zu ihm: »Hör zu heulen auf, Papa. Schenk den Kindern eben etwas, was kein Geld kostet!«

»So was gibt's doch nicht!« schluchzte der König.

»Doch!« sagte der Sohn. »Schenk ihnen ein Gesetz! Eines, in dem steht, daß die Erwachsenen Kinder nicht mehr schlagen dürfen und nicht mehr mit ihnen schimpfen dürfen. Und auslachen und alleinlassen und herumschubsen und nicht ernst nehmen verbietet das Gesetz auch. Alles, was böse ist, darf Kindern nicht mehr angetan werden!«

»O.K.!« rief der König, trocknete seine Tränen und erließ ein wunderbares Gesetz, welches alle Gemeinheiten gegen Kinder unter strengste Strafe stellte. Doch als er ein paar Wochen später bei den Kindern nachfragte, ob sie wohl Freude an seinem Geschenk hätten, wurde er bitter enttäuscht. »Dein Gesetz ist Mist«, sagten ihm die Kinder. »Hält sich ja keiner dran!« Der König lief heim und beschwerte sich bei seinem Sohn. »Tut mir leid, das habe ich nicht bedacht«, sagte der Sohn. »Wenn das so ist, mußt du eben eine Kinderpolizei gründen, die drauf schaut, daß die Gesetze eingehalten werden.«

»O.K.!« rief der König und gründete die Kinderschutzpolizei. Eine Geheimpolizei war das. Denn die größten Gemeinheiten gegen Kinder werden ja im geheimen begangen. Als Klofrauen und Schaffner, Hausmeister und Gaskassierer, Tischler, Schulwarte und Verkäuferinnen haben sich die Geheimpolizisten verkleidet. Überall waren sie! Und niemand hat gewußt, ob der kleine blaue Mann, der die elektrischen Leitungen kontrolliert, tatsächlich ein Elektriker ist oder nicht doch ein Kinderpolizist. Nicht einmal von der dicken Frau, die im Bus auf Kinder losgeschimpft hat, hat man wissen können, ob sie es ehrlich so meint. Hätte ja auch eine listige Tarnung einer Kinderpolizistin sein können! Und darum haben sich alle Erwachsenen brav an das Gesetz gehalten. Weil ja auf jeden Verstoß hohe Geldstrafen gestanden sind! Und mit den Jahren haben sich die Erwachsenen so ans Freundlichsein zu Kindern gewöhnt, daß sie es freiwillig getan haben, ganz ohne Zwang. Und alle geheimen Kinderschutzpolizisten konnten den Beruf wechseln. Und so lebten von da an alle Menschen in diesem Land glücklich zusammen.

17.4.

Hab mich lieb,

schrieb Frau Anna Klein
mit spitzem Stein
am Meeresstrand
in den Sand.
Kam ein tropfnasser
Mann aus dem Wasser,
schaute das Geschriebene an,
betrachtete dann
eingehend Frau Anna Klein
und sprach: **NEIN!**

18.4.

XY weiß alles!

Lieber **XY,**
wer hat die Spaghetti erfunden?

Dein Franz

Lieber Franz,
der Erfinder der Spaghetti war Lorenzo Makkaroni, und zwar
waren die ersten Spaghetti nichts anderes als das, was beim
Durchlöchern der Makkaroni an Teig übergeblieben ist, der Mak-
karoni-Abfall sozusagen. Da aber im Laufe der Jahrhunderte dieser Abfall mehr Absatz fand als das eigentliche Produkt, werden
die Spaghetti jetzt anders erzeugt. Sonst würde es ja ganze La-
gerhallen voll uralter, unverkäuflicher Makkaroni geben.

Dein **XY**

19.4.

Aus dem Tagebuch des Anton M., aufgefunden bei der endgültigen Räumung der Wohnung der Anna M., in Kleinfrasdorf:

20. 4.

Der Karl hat heute gemeint, daß ich ihn viel zu oft anknipse. Ihn stört es nicht, hat er gesagt, aber ich, befürchtet er, werde zu »fixiert« auf ihn.

Ich soll lieber im Park radfahren und mir die Frühlingssonne auf die Nase scheinen lassen. Oder ins Schwimmbad gehen. Und Rückenkraulen trainieren.

(Ich habe dem Karl nämlich einmal erzählt, daß ich im Rückenkraulen recht gut bin und der schnellste in der Klasse.)

Aber Rückenkraulen ist langweilig! Auch wenn man dabei der Schnellste ist! Und Fahrrad habe ich keines mehr. Mein Fahrrad ist mir im vergangenen Sommer gestohlen worden. Ganz unverschämt aus dem Hausflur raus. Meine Mutter hat gesagt, das war meine eigene Schuld, weil ich das Fahrradschloß nicht draufgetan habe. Dabei habe ich es sowieso immer draufgetan. Nur dieses eine Mal nicht. Ich wollte mir ja bloß aus der Wohnung eine dickere Jacke holen.

Jetzt sagt sie, sie kauft mir kein neues Fahrrad mehr, ich soll mir selbst eines zusammensparen. Vom Taschengeld. Das Taschengeld kriege ich von meinem Vater. Doch der hat schon zwei Monate vergessen, es auszuzahlen. Klar, ich könnte ihn daran erinnern! Aber dazu bin ich zu stolz!

Ab morgen werde ich aber doch versuchen, den Karl mehr in Ruhe zu lassen. Vielleicht war das mit dem »fixiert« nur eine Ausrede von ihm, und ich gehe ihm doch auf die Nerven. Schließlich ist er ja auch ein Erwachsener, und die tun oft so. Meine Mutter sagt ebenfalls gern: »Das will ich nur zu deinem Besten!« Dabei will sie es in Wirklichkeit zu ihrem eigenen Besten.

20.4.

Stier *(21.4.–20.5.)*

Der *Stier*
hat vier
Merkwürdigkeiten:
Er tobt zu fixen Zeiten,
er kackt pro Tag dreißig Fladen,
er will sich nicht waschen und nicht baden,
und er hat ein butterweich Gemüt,
in dem das blaue Blümlein blüht.

21.4.

COOL BOY

Hast du nahe am Wasser gebaut?
Weinst du, wenn dich einer haut?
Sitzen dir locker die Tränen?

Das muß jetzt nicht mehr sein!

Der Tränentrockner *COOL BOY* ist endlich da.
Ins linke Nasenloch gesteckt, wirkt *COOL BOY*
durch den Wirkexponenten T-E-N und trocknet
die Tränendrüsen aus.

COOL BOY macht den Kerl aus dir,
der du schon immer sein wolltest.

COOL BOY,
und du weinst erst wieder beim
Schuleintritt deiner Enkel.

22.4.

23.4.

Zukunft

Meine Mutter sorgt emsig für meine Zukunft vor! Zwei
Sparbücher hat sie für mich schon angelegt, damit ich mir,
wenn ich groß bin, allerhand leisten kann.
Und auf eine sehr gute Schule schickt sie mich, damit ich
später einmal auf der Universität nicht versage.
Und dreimal täglich soll ich mir die Zähne putzen, damit
ich bis ins hohe Alter kein künstliches Gebiß brauche.
Und ein gutes Benehmen bringt sie mir bei, damit ich ein
beliebter Mensch werde, den alle Leute sein Lebtag lang
mögen.

Jetzt muß meiner Mutter noch etwas gegen Atomkraft-
werke einfallen. Sonst könnte es unter Umständen sein,
daß ihre ganze Vorsorge umsonst gewesen ist.

24.4.

Aus dem Schulbuch ELTERN IN ALLER WELT,
zugelassen für das Unterrichtsfach ELTERNLEHRE,
5. und 6. Schulstufe:

Eltern wollen stolz auf ihre Kinder sein. Sie stehen zu anderen Eltern in einem Konkurrenzverhältnis. Sie neigen dazu, mit ihren Kindern zu protzen. Wundere dich daher nicht, wenn du hin und wieder erlauschst, welch entzückende Sachen deine Eltern vor anderen Eltern über dich zu erzählen haben! Blamiere deine Eltern nicht, indem du ehrlich und unvorsichtig von dir erzählst. Leicht könnte es sein, daß dich deine Eltern vor Verwandten und Bekannten in den Stand des Vorzugsschülers erhoben haben. Wenn du nun freimütig herumerzählst, daß du sitzengeblieben bist, ist das sehr peinlich für deine Eltern. Nachfragen, was deine Eltern bei wem über dich gemogelt haben, bringt nichts, denn Eltern geben nicht zu, daß sie lügen!

Merke:
Im Zweifelsfall »Mund halten« und Auskunft verweigern!

Redet in der Klasse darüber! Tauscht eure Erfahrungen aus! Vielleicht wissen deine Mitschüler, was deine Eltern über dich alles so erzählen! Fragt euch auch, ob ihr euren Eltern zuliebe diesen Erzählungen nicht ein bißchen mehr entsprechen könntet!

25.4.

Ostersonntag

Draußen, vor meinem Fenster, im hohen Grase,
da hockte am Ostersonntag ein junger Hase.
Der Kleine fühlte sich matt und gar nicht wohl.
Kein Wunder! Dauernd fraß er vom gespritzten Kohl!
Es schimpfte mit ihm erbost die alte Hasenmutter:
»Merk dir's endlich! Man frißt nur Bio-Futter!«
Das Hasenkind jammerte: »Wo krieg ich das nur her?«
Mama zeigte es ihm. Nun sind die Beete leer.

26.4.

27.4.

Mein Gegenteil

Ich bin mir sicher,
es gibt einen,
der ist mein Gegenteil.
Der lacht,
wenn ich weine,
der ist satt,
wenn ich Hunger habe.
Der wird gestreichelt,
wenn ich geschlagen werde,
und ist gesund,
wenn ich krank bin.
Der hat alles,
was ich mir wünsche
und nie bekommen werde.
Der hat keine Angst,
wenn ich mich fürchte,
und einen Freund bei sich,
wenn ich allein bin.
Wenn der aber mein Gegenteil ist,
dann müßte er eigentlich tot sein,
wenn ich lebe!
Also gibt es ihn doch nicht.
Oder bin **ich** tot?

28.4.

RAT UND SCHLAG
von Tante Olga

Liebe Tante Olga,
meine Eltern wollen sich ein nagelneues Baby zulegen, obwohl ich ihnen gesagt habe, daß mich ein Kleinkind im Hause sehr stören würde.
Ich weiß natürlich, daß ich laut Bürgerlichem Gesetzbuch kein Recht
habe, dieses Baby zu verhindern. Aber gibt es wo einen Jugendclub,
der sich dieser Probleme annimmt? Ich würde dort gerne mitarbeiten.
Dein Olaf

Lieber Olaf,
so einen Club gibt es. Er nennt sich »Zentrum Ego« und veranstaltet jeden Sonntag nachmittag einen Ego-Trip. Dort kannst Du sicher mitwandern.
Deine Tante Olga

29.4.

Aus dem Tagebuch des Anton M., aufgefunden bei der endgültigen Räumung der Wohnung der Anna M., in Kleinfrasdorf:

30. 4.

Der Fernsehapparat meiner Eltern ist kaputt! Meine Mutter hat den meinen einfach ins Wohnzimmer hinüber geschoben. Und sich darüber aufgeregt, daß meine Fernbedienung keinen Deckel mehr hat!

Ich habe gezittert, daß sie den blauen Knopf entdeckt. Hat sie gottlob nicht! Aber den ganzen Abend hat mein Vater Sport geschaut. Und ich habe erst wieder mit dem Karl reden können, als meine Eltern schon im Bett waren. Ganz leise habe ich ihm zugeflüstert: »Morgen haben sie ihre Kiste wieder, bis dann, lieber Karl!«

Jetzt liege ich in meinem Bett, es ist schon Mitternacht, und ich fühle mich innen ganz hohl. Ohne den Karl neben mir zu wissen, kann ich nicht mehr einschlafen. Und wenn ich den TV rüberhole, wachen meine Eltern auf und halten mich für komplett meschugge.

30.4.

AM
1. MAI
WEHEN
ÜBERALL
ROTE
FAHNEN.
WAS
DAS
ZU
BEDEUTEN
HAT,
KANN
MAN
HEUT
BLOSS
NOCH
AHNEN!

1.5.

Kummerspeck

Es war einmal eine arme, kleine Schwester, die bekam nie neue Kleider, weil sie die abgelegten Kleider ihrer großen Schwester auftragen mußte. »Ist ja noch tadellos!« pflegte ihre Mutter zu sagen. »Fast wie neu!« Fast wie neu waren die Kleider ja wirklich, aber sie waren, wie man so sagt, aus der Mode. Wenn alle anderen kleinen Mädchen hautenge Jeans trugen, mußte die arme, kleine Schwester in Flatterhosenbeinen herumlaufen. Wenn Pink die Farbe des Jahres war, war die arme, kleine Schwester vom Hals bis zu den Knien saharabeige, und wenn die anderen kleinen Mädchen in Bundfaltenhosen prunkten, kümmerte die arme, kleine Schwester im Schottenkilt dahin. Bekamen die anderen kleinen Mädchen Pullis mit dicken Schulterpolstern, erbte die arme, kleine Schwester gerade drei enganliegende Pullunder. Das machte der armen, kleinen Schwester großen Kummer, und großer Kummer läßt sich leichter aushalten, wenn man sehr viel ißt. Die arme, kleine Schwester aß den ganzen Tag. Von früh bis spät stopfte sie alles in den Mund, was sie nur kriegen konnte.

Davon bekam sie den berühmten Kummerspeck. Sie bekam so viel davon, daß ihr bald die abgelegten Kleider der großen Schwester nicht mehr paßten. Viel zu eng waren ihr die nun! Und die Mutter mußte ihr neue Kleider kaufen. Kleider nach der allerletzten Mode!

Aber der Fettsack, nach der allerletzten Mode gekleidet, war genauso unglücklich wie früher als Normalgewicht in den abgelegten Kleidern, denn sehr dicke Kinder sind immer unglücklich, ganz gleich, was sie am Leibe tragen.

Es ist schon so: Viele Menschen haben eben von klein auf bis zum bitteren Ende ein hartes Leben.

2.5.

PROBLEMLÖSER

*Walter hatte viele Schulden, die
Schuldner wollten's nicht länger dulden.*

*Riefen unentwegt: »Zahl zu-
rück, was wir dir borgten, du
mieses Stück!«*

*Walter ging zur Bank, vor
lauter Angst war er ziemlich
krank.*

*Hatte bei sich zwei Spielzeug-
pistolen, wollte viel Geld von
der Bank sich holen.*

*Sprach die Frau beim Schalter:
»Jetzt sei doch nicht blöd, lieber Walter!*

*Nimm dir lieber Kredit, und
bezahl deine Schulden damit!«*

*Walter füllte Formulare aus
und ging zufrieden hierauf
nach Haus.*

*Man sieht: Behält einer ruhig
Blut, wird am Ende doch noch
alles wirklich gut!*

Rumpelstilzchen – eine Richtigstellung

Die Geschichte vom Rumpelstilzchen ist wahrheitsgetreu überliefert. Bis auf den Schlußsatz. Da heißt es *… und lebten zufrieden und glücklich bis an ihr Ende.* **Hier lügt das Märchenbuch!**

Für die, die sich an das Happy-end des Märchens nicht mehr erinnern: … Da würde dem Rumpelstilzchen das erste Kind der Königin gehören, wenn sie seinen Namen nicht errät, aber die Königin kriegt den Namen heraus, und das Rumpelstilzchen reißt sich vor Wut darüber in zwei Teile …

Kann sich irgendwer, außer einem chronischen Schwachkopf, vorstellen, daß sich ein Mensch, und sei es auch nur ein Zwerg, selber in zwei Teile reißen kann? Doch kaum! Und so war es ja auch nicht. Das Rumpelstilzchen schlich bloß traurig davon. Und die Königin war auch nur kurze Zeit froh, denn ihr Mann war ein Verschwender, dem bald alles gesponnene Gold wieder zwischen den Fingern zerronnen war. Er befahl der Königin wieder Gold zu spinnen, und drohte ihr wieder mit dem Umbringen, falls sie es nicht täte! Also mußte die Königin auch wieder zum Rumpelstilzchen rennen und es bitten, für sie zu spinnen. Und das Rumpelstilzchen ließ sich wieder erweichen. Und der König gab wieder alles Gold aus. Und wollte neues Gold haben! Und die Königin flehte das Rumpelstilzchen an, und das Rumpelstilzchen spann, und der König gab aus. So ging das jahrelang. Der König wurde immer verschwenderischer. Das Rumpelstilzchen mußte nun schon vier Nächte pro Woche spinnen. Darum zog es heimlich ins Schloß. Sonst wäre es andauernd – hin und her – unterwegs gewesen. Im Gemach der Frau Königin schlief es. Und so kam es, daß die Königin jede Nacht mit dem Rumpelstilzchen zubrachte. Entweder zum Spinnen in eine Kammer eingeschlossen, oder in ihrem Schlafgemach. Da kamen sie natürlich miteinander ins Reden und schütteten einander die Herzen aus. Die Königin beklagte sich über ihren Gemahl, und das Rumpelstilzchen erzählte von seiner riesengroßen Sehnsucht nach einem Kind. Und eines Nachts sagte die Königin: »Eigentlich hast du mir, seit wir uns kennen, nur Gutes getan. Und mein Mann, seit ich ihn kenne, nur Böses. Wegen dem Gold hat er mich geheiratet, und hätt ich's nicht hergeschafft, hätte er mich getötet!«

»Na, daß du endlich merkst, wo die wahre Liebe wohnt«, seufzte das Rumpelstilzchen. Von da an schenkte die Königin alle Kinder, die sie noch bekam, dem Rumpelstilzchen. Geheim natürlich. Der König hielt sie immer noch für die seinen. Und vor lauter Goldausgeben, kam er gar nicht dazu, sich darüber zu wundern, daß seine Frau jetzt lauter Zwerge gebar. Aber die Königin und das Rumpelstilzchen lebten zufrieden und glücklich bis an ihr Ende.

4.5.

Ein Märchen

5.5.

Liebe große Schwester,
ich habe geduldig ertragen, daß Du
mir immer, wenn Dein Freund zu Besuch
kommt, die Augen zubindest und Watte
in die Ohren stopfst!
Ich weiß ja, daß eine junge Liebe ungestört sein will!
Aber daß ich jetzt auch noch unter
mein Bett kriechen soll, weil Deinen
Freund mein Anblick stört, ist zuviel!
Zwischen dem Teppichboden und dem
Betteinsatz sind nur zwei Handbreit
Platz. So geht es nicht!
Falls Du das nicht selbst einsiehst,
muß ich leider unsere Eltern mit
diesem Problem belästigen.

Deine kleine Schwester

6.5.

*Aus dem Tagebuch des Anton M., aufgefunden bei der endgül-
tigen Räumung der Wohnung der Anna M., in Kleinfrasdorf:*

Heute hat sich der Karl Brösel vom Jackenaufschlag geputzt. Und auf dem einen Hosenbein hat er seit gestern einen rosa-braunen Fleck, der ganz nach To-
matensoße ausschaut.
Also ißt er doch anscheinend irgendwann, wenn er nicht im Bild ist! Außerdem
ist mir noch aufgefallen, daß das große Loch, das er in einem Socken gehabt hat
(an der Ferse), zugestopft ist.

7.5.

Ungerechtigkeiten

Eine dicke Mutter,
die ein kleines Kind
an der Hand hält,
welches so aussieht,
als ob es ihr vor Jahren
aus dem linken Ohr
gekrochen ist,
kauft seit Jahren
am Marktstand
täglich
eine riesengroße Rübe
und eine winzige Karotte.
Die winzige Karotte für sich,
die riesengroße Rübe
für das Linke-Ohr-Kind.
Doch der Erfolg blieb aus.
Und die Nachbarn sagen:
Die Dicke frißt sich krumm!

8.5.

Ratschlag für den Muttertag

Wer kein Geld hat oder zu geizig ist, um seiner lieben Mama ein Muttertagsgeschenk zu kaufen, dem bleibt immer noch das Dichten zu Mamas höherer Ehre! Bei diesem Tun möge er aber beachten:
»Mama« ist zum Dichten völlig ungeeignet, weil sich darauf überhaupt nichts reimt. Auch »Mutter« ist ungünstig; denn die harmonisiert bloß mit »Butter« und »Futter« und »Kutter«. Liebe Mutter, ich dank dir fürs Futter, gekocht aus reiner Butter … ist zwar ein möglicher, aber doch recht trivialer Gedichtanfang. Und »Kutter« eignet sich überhaupt nur für Mütter, die zur See fahren, was ja eher selten vorkommt.
Der Übertrick ist, wie so oft beim Verseschmieden, das hintdrangehängte »lein«. Wird die Mama zum Mütterlein, gelingt das Poem hurtigst zwischen Zähneputzen und Mundspülen!
Nachstehend einige denkanstößige Tips: … *immer sein – ewig dein – Liebe rein – dankbar sein – edel und fein – Bein und Wein – Arm und Bein – alles verzeihn – winzig klein* … Oder auch: *Muttertag? Nein, nein, nein!*

9.5.

Aus dem Tagebuch des Anton M., aufgefunden bei der endgültigen Räumung der Wohnung der Anna M., in Kleinfrasdorf:

10. 5.

Ein bißchen kann ich den Karl auch spüren!

Wenn ich die Hand auf den Bildschirm lege, dorthin, wo der Karl auf dem Sofa liegt, fühlt sich der Bildschirm wesentlich wärmer an, als an anderen Stellen.

Aber er sagt, er spürt meine Hand nicht. Schade. Ich könnte ihn sonst ein bißchen kitzeln. Oder streicheln. Aber wahrscheinlich würde er das ohnehin nicht sehr mögen, denke ich mir. Wäre ja auch irgendwie blöde!

Meine Hand ist schließlich so groß wie der Karl vom Hals bis zum Bauchnabel. Ich wollte mich von so einer Riesenpfote auch nicht streicheln lassen.

Nur ganz selten empfange ich den Karl in »Großaufnahme«, 1:1 sozusagen. Dann ist nur sein Kopf auf dem Bildschirm. Einmal waren es auch seine Hände. Aber wann das passiert und warum es gerade dann passiert, weiß ich nicht.

10.5.

Die Meise

Eine einsame Waise
kaufte sich eine blaue Meise.
Die Meise zirpte:
»Mag nicht im Käfig leben!
Will mich in die Lüfte erheben!«
Die Waise sagte:
»Magst nicht bei mir sein,
bin ich wieder ganz allein!«
Die Meise zirpte:
»Laß mir mein luftig Glück,
so kehr ich immer wieder zu dir zurück!«
Da ließ die Waise
die Meise
aus dem Käfig heraus.
Die Meise flog weg
und kam nie mehr nach Haus.

11.5.

Muttertagsverslein

Mama, alles Gute und Liebe zu diesem Tag,
auch wenn du meinst, er wär eine Plag.
O.K., O.K., ich hab drei Teller zerschlagen!
Aber ehrlicherweise mußt du doch sagen,
daß ich mich an keinem Scherben geschnitten.
Und ich muß dich auch höflich bitten,
den Streit mit der Schwester positiver zu sehn!
Wie leicht hätte es können geschehn,
daß sie mir – oder ich ihr – ein Ohr abschneidet!
Das hätt' dir den Tag dann wirklich verleidet!

12.5.

Meine Eltern

Meine Eltern haben im Laufe ihres Lebens schon sehr viele Erfahrungen gesammelt. Da wir leider eine sehr kleine Wohnung haben, ist es ihnen unmöglich, ihre Erfahrungssammlung – so wie andere Leute ihre Porzellan- oder Schmetterlingssammlung – in einem Glasschrank im Wohnzimmer aufzuheben. Meine Eltern haben ihre gesammelten Erfahrungen deshalb im Schrank unter der Spüle liegen. Zwischen den Kartoffeln und den Zwiebeln. Weil es dort sehr feucht ist, verschimmelt die Erfahrungssammlung von Jahr zu Jahr mehr. Bedeckt von einer dicken, grünen Schimmelschicht schauen die gesammelten Erfahrungsbrocken alle gleich aus. Nicht einmal meine Eltern können sie auseinanderhalten.

Hin und wieder passiert es auch, daß ein Stück Erfahrung in den Kartoffelkorb kugelt. Und manchmal kann es dann geschehen, daß meine Mutter, wenn sie Kartoffeln aufsetzt – und dabei keine Brille trägt –, die Erfahrung mitkocht. Dann schmeckt das Kartoffelgulasch hinterher so sonderbar, und mein Vater sagt: »Pfui Teufel!« Meine Mutter riecht dann am Kartoffelgulasch, und es steigt ihr ein Geruch in die Nase, und sie erkennt den Geruch und sagt ganz glücklich: »Hunger ist der beste Koch!«

13.5.

Irrtum

Jeden Tag hat die Evi mit ihrer Mama Krach. Wegen allen möglichen Sachen streiten die beiden miteinander. Und beim Streiten
wird die Evi immer frech. Und dann schreit die Mama: »Geh sofort in dein Zimmer!«
Und dann geht die Evi in ihr Zimmer und legt sich auf ihr Bett
und denkt: Wenn mich jetzt der Herzschlag träfe, dann wäre ich
mausetot, und dann käme die Mama herein und würde mir den
Puls fühlen, aber da wäre kein Puls mehr zu fühlen, die Mama
würde einen Schrei ausstoßen, würde zu zittern anfangen, würde
vor meinem Bett auf die Knie fallen, würde schluchzen: Ach,
Evilein, mein Liebling! Und ich war vor deinem Tod noch so
hundsgemein zu dir! Nie, nie werde ich mir das verzeihen können! Und dann wird die Mama leintuchweiß im Gesicht, verdreht
die Augen, kippt nach hinten und liegt stocksteif da! Vor lauter
Gram hat sie auch der Herzschlag getroffen!
Wenn sich die Evi das so ausgemalt hat, dann springt sie vom
Bett auf, läuft ins Wohnzimmer und ruft: »Entschuldige, Mama,
das wollte ich nicht! Das war zu gemein von mir!«
Und die Mama lächelt, gibt der Evi einen Kuß und sagt: »O.k.,
ist schon entschuldigt!« Weil sie glaubt, der Evi täte das
Frechsein leid.
Die Evi gibt der Mama dann auch einen Kuß und denkt: Was
habe ich doch für eine nette Mama, die mir nicht übelnimmt, daß
ich sie jeden Tag einmal totmache!
Woraus man ersehen kann, daß es oft die Mißverständnisse sind,
die den Menschen das Leben für ein paar Stunden schön machen.

14.5.

15.5.

Das Testament der Kräuterfrau (Teil 1)

Alraune und *Akelei*
machen dich von Ängsten frei.
Bibernell und *Baldrian*
heilen deinen Größenwahn.
Chrysanthem und *Christophskraut*
machen eine schöne Haut.
Dost und *Dille*
heilen dein Herz in Stille.
Efeublatt und *Eisenhut*
tuen deinen Nieren gut.
Fingerkraut und *Frauenkerzen*
wirken gegen alle Schmerzen.
Grüner Giersch und *Geißenblatt*
beleben Glieder, so sie matt.
Helmenkraut und *Hahnenfuß*
zaubern weg den Bluterguß.
Immergrün und *Indischklee*
nimm bei kleinerem Wehweh.
Johanniskraut und *Jakobswurz*
machen leise lauten Furz.
Kümmel und *Kresse*
wirken gegen der Betten nächtliche Nässe.
Lattich und *Lorbeerbeeren*
jeden Schnupfen von dir wehren.
Melisse sowie *Majoran*
haben Lebern stets gutgetan.
Nelkenpfeffer und *Nessel*
bringen vom Bett auf den Sessel.
Odermennig und *Oberhopf*
machen dicht den dünnen Schopf.

16.5.

Das Testament der Kräuterfrau (Teil 2)

Portulak und *Pfaffenmütze*

sind dem Kreislauf gute Stütze.

Quendelblatt und *Quittenstrauch*

lindern argen Druck im Bauch.

Rührmichnichtan und *Rosmarin*

lassen verschlagene Winde ziehn.

Schierling und *Schelle*

nehmen die hitzige Welle.

Taubnessel und *Thymian*

stopfe in den hohlen Zahn.

Urkraut und *Ulanenfarn*

machen basisch sauren Harn.

Vergißmeinnicht und *Veilchen*

für intime Körperteilchen!

Weinreb und *Wicke*

verringern des Leibes Dicke.

Zimbelkraut und *Zimetbaum*

bringen allerschönsten Traum.

... Für Ypsilon und Ix

hinterlaß ich nix! ...

17.5.

Der begehrte Knabe klagt:

Gibt mir **A**nna einen Kuß,

macht **B**erta mit mir Schluß.

Streichele ich **C**livia,

sagt mir **D**oris baba.

Gehe ich aus mit **E**lke und **F**anni,

sind beleidigt **G**rete und **H**anni.

Schenk ich **I**lse eine Orchidee,

tut's **J**utta in der Seele weh.

Treff ich **K**arin im Mondenschein,

heult **L**otte, ich ließe sie allein.

Blinzle ich zärtlich zu **M**ona hin,

meint **N**ora, ihr Leben sei ohne Sinn.

18.5.

Lächle ich freundlich lga zu,

ruft aula: Ein Schuft bist du!

Lade ich osa

und usi ein,

finden es ina

und lla gemein.

alerie wird ganz wütend und wild,

sieht sie bei mir von ilma bloß ein Bild.

enia flippt völlig aus,

komm ich mit vonne aus dem Haus.

Und ita schreit:
Tu uns Mädchen nicht länger weh

Such dir endlich eine Freundin mit **QU**!

19.5.

20.5.

Zwillinge (21.5.–21.6.)

Zwillinge fühlen sich oft allein,
schaun traurig in den Spiegel rein,
murmeln ihrem Spiegelbild zu:
»Komm doch raus, mein Zwilling, du!«

21.5.

Haustierärger

Es war einmal ein gescheiter Schwager,
dessen Haustier war ein kleiner Nager
mit schwarzen Äuglein und weichem Fell
und zierlichen Pfötchen, wieselschnell!
Ob Hamster, Marder, Frettchen oder Maus,
bekam der gescheite Schwager nie heraus.
Obwohl er Biologie-Bücher studierte in allergrößter Masse.
Der kleine Nager klagte: »Seit wann fragt Liebe nach Rasse?«

22.5.

Liebe Mutter,

wenn Du es weiterhin nötig findest, mit allen möglichen und unmöglichen Weibern meine intimsten Angelegenheiten zu besprechen, muß ich leider zum Gegenschlag ausholen.

Merke: Noch ein Wort zu Deiner Freundin Lotte über meine verschmähte Leidenschaft bezüglich Marie, und ich stecke ihr zwei Wörter über Dein Erröten, wenn der Nachbar mit Dir flirtet.

Noch ein Wort zu Freundin Erika über mein hin und wieder nasses Leintuch, und ich stecke ihr drei Wörter über Deinen Schaumstoffbusen. Bin mir sicher, das interessiert die Damen auch sehr.

Dein bis jetzt schweigsamer Sohn

23.5.

Auf

trostlos und traurig

reimt sich

kotzelend und schaurig

auf

mir ist so mies im Magen

reimt sich

keiner hört mein Klagen

auf

es drückt mein Gewissen

reimt sich

es geht mir beschissen

auf

gar niemand liebt mich

reimt sich

man läßt mich im Stich

auf

meine Seele ist gebrochen

reimt sich

man hat in mein Herz gestochen

auf

mein Leben ist kalt und leer

reimt sich

mein Kummer ist zentnerschwer

auf

ich lebe in Not und Pein

reimt sich

tot will ich endlich sein

Und was reimt sich auf **Glück**?

Doch bloß:

Das bringt mir keiner zurück!

24.5.

25.5.

Verschieden

Daß heut bei uns auf Erden
der sechsundzwanzigste Mai,
ist allen Marsbewohnern
völlig schnuppe und einerlei.
Und schickten wir ihnen Raketen,
randvoll mit Kalendern,
die würden unter Garantie
ihre Einstellung nicht ändern.
Für die da oben ist heute
der *zweihundertzwölfte Teniden*
Von Lichtjahr zu Lichtjahr
ist's im Weltall eben verschieden.

26.5.

Steht vor meiner
Türnummer sie,
funktioniert der
Türsummer nie.

27.5.

Bei den Hottentotten

Es war einmal ein kleiner Peter, der hatte eine schrecklich vornehme Mama. Die war ganz versessen auf gute Manieren und feines Benehmen. Wenn der kleine Peter ein bißchen zu laut lachte oder ein wenig herumbrüllte, rief sie: »Wir sind ja nicht bei den Hottentotten!«

Und wenn der Peter in der Nase bohrte, rief sie auch: »Wir sind ja nicht bei den Hottentotten!«

Eines Morgens, als die vornehme Mama den kleinen Peter aufwecken wollte, war sein Bett leer, und auf dem Nachtisch lag ein Zettel, darauf stand: *Bin zu den Hottentotten gegangen!*

Viele Jahre ist das nun schon her. Vom Peter hat die vornehme Mama nie mehr etwas gesehen. Aber angeblich ist er bei den Hottentotten Staatspräsident – und sehr glücklich.

28.5.

Aus dem Schulbuch ELTERN IN ALLER WELT,
zugelassen für das Unterrichtsfach ELTERNLEHRE,
5. und 6. Schulstufe:

Eltern leben miteinander nicht immer in reinster Harmonie. Manche Eltern streiten selten, manche Eltern streiten oft. Mische dich in ihren Streit nicht ein, er-
greife weder die Partei von Mutter noch von Vater! Falls der Streit zu heftig
werden sollte, rufe die Polizei zu Hilfe! Falls es zu oft (dreimal täglich) Streit
gibt, bestehe auf schalldichter Polsterung deiner Zimmertür.
Wenn du vermutest, daß die Ehekräche deiner Eltern auf Scheidung hinaus-
laufen könnten, und du gegen Scheidung deiner Eltern bist, verkünde im Chor
mit deinen Geschwistern, so oft als nur möglich: »Wenn ihr euch scheiden laßt,
dann bleiben wir alle beim Papa!«
Das wird wenigstens euren Vater vom Gedanken an Scheidung abbringen.

Merke:
Pack schlägt sich, Pack verträgt sich!

*Besprecht das nicht in der Klasse! Wie oft und worüber eure Eltern streiten, geht niemanden etwas
an!*

29.5.

Aus dem Tagebuch des Anton M., aufgefunden bei der endgültigen Räumung der Wohnung der Anna M., in Kleinfrasdorf:

30.5.

Der Karl schafft es noch, daß ich heuer im Zeugnis keinen einzigen Dreier haben werde! Wenn ich so weitermache, hat mein Klassenvorstand gesagt, kann ich mit einem »Vorzug« rechnen. Für einen, der jedes Jahr um die Versetzung hat zittern müssen, ist das doch eine tolle Sache. Aber typisch! Als ich es meinem Vater gesagt habe, hat er bloß gemurmelt:»Ist ja wohl das Normalste, was man sich von einem intelligenten Kind erwarten kann!«
Und meine Mutter hat dazu genickt. Wenn es gegen mich geht, können sie anscheinend noch immer einig sein!
Der Karl sagt, ich soll ihnen das nicht übelnehmen. Sie sind in einer Krise, und wenn die vorüber sein wird, dann werden sie wieder nett und freundlich zu mir sein.
Der Karl nimmt von allen Leuten nur das Beste an. Und er kennt ja meine Eltern nicht so lange wie ich! Wenn ihr Benehmen auf eine Krise schließen läßt, dann muß ich daraus schließen, daß sie immer in einer Krise sind! Seit

ich mich erinnern kann, sind sie so zu mir. »Übertreib nicht«, hat der Karl gerade zu mir gesagt.
O.K. Hin und wieder sind sie ganz nett zu mir, das gebe ich ja zu. Aber ich weiß nie, wann das passiert. Und warum sie gerade dann nett zu mir sind. Das hängt nämlich nur von ihrer Laune ab. Und ihre Laune hängt nicht von mir ab! Und ich pfeif drauf, mir jeden Tag, wenn ich von der Schule heimgehe, zu überlegen, ob mir eine freundliche oder eine bitterböse Mutter die Tür aufmachen wird!
»Ist einzusehen«, hat der Karl gerade gesagt.
»Ist aber nicht auszuhalten«, habe ich ihm geantwortet.
Jetzt schaut er mich ganz traurig an. Das will ich nicht haben. Er kann ja nichts dafür. Darum lege ich das Tagebuch jetzt so, daß er mitlesen kann, und schreibe:»Ich muß ja bloß nur noch sieben oder acht Jahre warten, dann bin ich erwachsen und habe es hinter mir!«

30.5.

Wie soll ich mir das vorstellen?

»So gut wie dir hätte es mir als Kind gehen sollen!« sagt der Vater zum Sohn. »Du kannst dir ja gar nicht vorstellen, wie wenig ich als Kind gehabt habe!«
Vor dreißig Jahren hat der Großvater, der damals erst Vater gewesen ist, zum Vater, der damals erst Sohn gewesen ist, auch gesagt: »So gut wie dir hätte es mir als Kind gehen sollen! Du kannst dir ja gar nicht vorstellen, wie wenig ich als Kind gehabt habe!«
Und der Großvater, als er selbst noch ein Kind gewesen ist, hat eben diese Sätze von seinem Vater, dem heutigen Urgroßvater, oft zu hören bekommen.
Von Generation zu Generation müssen sich die Söhne das immer wieder von den Vätern sagen lassen.
Wer damit angefangen hat, weiß man nicht.
Unser Stammvater Adam kann es aber nicht gewesen sein, denn der hat ja nie eine Kindheit gehabt, der ist ja schon erwachsen erschaffen worden.

31.5.

Fünfeiige Zwillinge suchen eilose Vierlinge, um ihren Überschuß abzugeben und einander endlich wie ein Ei dem anderen gleichen zu können.

1.6.

Aus dem Tagebuch des Anton M., aufgefunden bei der endgül-
tigen Räumung der Wohnung der Anna M., in Kleinfrasdorf:

2·6.

Der Karl hat neben dem Sofa, auf dem kleinen Tischchen einen blühenden Geranienstock stehen. Gestern war der noch nicht dort!
»Wo hast du die Blumen her?« habe ich ihn gefragt .
»Vom Gärtner«, hat er geantwortet.
»Und wo ist dein Gärtner?« habe ich ihn gefragt.
»Gleich nebenan«, hat er geantwortet und zur Tür hingezeigt.

Da habe ich gedacht: Jetzt ist eine günstige Gelegenheit, ihn zu fragen, was da alles noch »nebenan« ist und auch ein bißchen weiter weg. Und das habe ich auch getan! Aber der Karl hat gesagt, mir das zu erzählen, sei er nicht berechtigt. Da müsse er um Erlaubnis ansuchen. Und die bekomme er garantiert nicht, denn die werde nur im Notfall erteilt, und meine Neugier sei kein Notfall.

2.6.

Schneewittchen und der angeheiratete Prinz

3.6.

Schneewittchen – eine Richtigstellung

Die Geschichte vom Schneewittchen ist wahrheitsgetreu überliefert. Bis auf den Schlußsatz. Da heißt es *… und lebten glücklich und zufrieden bis an ihr Ende.* **Hier lügt das Märchenbuch!**

Für die, die sich an das Happy-end des Märchens nicht mehr erinnern: … Da stolpern die Zwerge mit dem Sarg, das giftige Apfelstück springt aus Schneewittchens Mund, Schneewittchen ist wieder lebendig, Hochzeit wird gehalten, und die böse Stiefmutter muß in rotglühenden Eisenpantoffeln so lange tanzen, bis sie tot umfällt …

Kann sich irgendeiner, außer einem chronischen Schwachkopf, vorstellen, daß ein Mensch von edlem Charakter, weichem Gemüt und guter Seele, bei dieser Art von Vollzug der Todesstrafe lachend zuschaut? Doch kaum! Dem Prinzen drehte es auch regelrecht den Magen um. In sein seidenes Schnupftuch mußte er kotzen. Und was ihm am meisten Übelkeit verursachte, war der Umstand, daß Schneewittchen mit keiner Wimper zuckte, sondern vom Hochzeitskuchen naschte, während die Stiefmutter in ihrer Höllenpein brüllte, daß alle Schloßwände wackelten.

Herr im Himmel, was habe ich mir da für ein verrohtes Stück angeheiratet, dachte der Prinz voll Entsetzen. Und dieses Entsetzen wurde er nicht mehr los. Obwohl Schneewittchen zu ihm immer lieb und zärtlich und gut war. »Alles Verstellung«, sagte der Prinz, der dann schon König war, bei sich. »Ich habe ihr wahres Gesicht gesehen!« Er machte Schneewittchen auch keine Kinder, denn er wollte keine Nachkommen von so einer Frau. »Mit dem mütterlichen Erbteil«, sagte er sich, »würde das einen abscheulichen Thronfolger abgeben.«

So starb Schneewittchen kinderlos, und der Thron hatte keinen Erben, und der Prinz ließ die Republik ausrufen. Und erst die lebte dann zufrieden und glücklich bis an ihr Ende.

4.6.

Was wäre wenn ...

...Kinder ihre Eltern zur Adoption freigeben dürften?

...dann müßten die Eltern, die zur Adoption freigegeben wurden, zuerst einmal in ein Elternheim kommen. Und eine Eltern-Adoptions-Stelle müßte geschaffen werden, die müßte sich nach neuen Kindern für die Eltern umschauen!

...und dann würden jeden Tag Kinder ins Elternheim kommen und sich die Eltern anschauen! Und sich welche aussuchen!

...und manche Eltern würden weggehn wie die warmen Semmeln! Und manche Eltern wären einfach nicht anzubringen! Die würde kein Kind haben wollen! Nicht einmal vorübergehend und nur in Pflege!

...und meine Eltern wären ganz gewiß solche! Auf ewig würden die im Elternheim bleiben müssen! Und die Heimleiterin würde mir gut zureden und mich bitten, daß ich sie nach Hause zurücknehme!

»Hab doch ein Einsehen und ein Herz«, würde sie zu mir sagen. »Jahrelanger Heimaufenthalt führt bei Eltern zu seelischen Störungen, liebes Kind!«

...und dann würde ich hart bleiben! »Tut mir wirklich leid«, würde ich sagen, »aber in meinen Lebensumständen kann ich mir Eltern wirklich nicht leisten!«

5.6.

**IM JUNI VIELE KINDER ZITTERN,
WEIL SIE
EIN SCHLECHTES ZEUGNIS WITTERN!**

Alte Schülerregel

6.6.

Aus dem Schulbuch ELTERN IN ALLER WELT,
zugelassen für das Unterrichtsfach ELTERNLEHRE,
5. und 6. Schulstufe:

Eltern von mehreren Kindern beschwören unentwegt, alle ihre Kinder »ganz gleich« zu lieben. Sehr oft glauben diese Eltern das wirklich! Trotzdem stimmt es nicht! Und die Kinder, die von ihren Eltern weniger geliebt werden als ihre Geschwister, wissen das auch ganz genau. Dem Vater oder der Mutter die ungerechte Liebeszuteilung vorzuhalten, brächte nur Nachteile. Um sich von Schuld reinzuwaschen, würde Vater oder Mutter doch nur behaupten: »Ich habe dich genauso lieb, aber weil du nicht lieb bist, kann ich nicht so lieb zu dir sein!« Der Schwarze Peter bliebe also wieder beim Kind!

Warum Eltern ein Kind besonders lieben, kann zwei Gründe haben:

1. Das Kind ist ihnen sehr ähnlich.

2. Das Kind ist ihnen überhaupt nicht ähnlich.

Grund eins gilt für Eltern, die mit sich sehr zufrieden sind. Grund zwei gilt für Eltern, die sich selbst nicht mögen.

Merke:

Eigene Fehler, die man am Kinde wiederfindet, findet man entweder entzückend oder abscheulich.

7.6.

POKER-FACE

Immer mehr kommt es
auf Ihr Aussehen an.
Gewiß, sie sprayen
         sie tuschen
         sie putzen
         und cremen und nähren und lindern.
Aber haben Sie wirklich ALLES für ihr Gesicht getan?
Und wenn Ihren Chef Ihre Nase stört?
Und wenn Ihren Mann Ihr Mund stört?
Und wenn Ihren Sohn Ihre Augen stören?

Dann brauchen Sie **Poker-face!**
Mit **Poker-face** haben Sie sich nichts mehr vorzuwerfen, und
niemand kann Ihnen etwas vorwerfen!

VORHER: NACHHER:

Eine Tube zu 58 DM reicht für sechs bis sieben Auftritte.

8.6.

Überhaupt

Wer behauptet, daß meine Eltern etwas gegen Ausländer haben, bloß, weil sie nicht wollen, daß ich mit deren Kindern spiele und mit ihnen in die Schule gehe, der redet Unsinn. Auch der Umstand, daß meine Eltern aus der Gegend, wo viele Ausländer wohnen, weggezogen sind, ist kein Beweis für ihre Ausländerfeindlichkeit. Meine Eltern haben überhaupt nichts gegen Ausländer. Sonst würden wir doch nicht zweimal im Jahr im Ausland Urlaub machen!

9.6.

Lehrstoffverteiler!
Lernlücken-Füllmaterial!
Allgemeine Bildungsprothesen,

Gehirnstützen,
Leistungsbruchbänder!
Jetzt auch aus zweiter, dritter und vierter Hand.
In der neueröffneten »Schüler-Tauschzentrale«.
Die Preise halten sich auf Taschengeld-Niveau!

10.6.

Löwenzahn

Es war einmal ein großer, fetter Löwenzahn,
der lebte von Geburt an im irren Größenwahn,
auf Lebzeit gelbleuchtend im Grünen zu stehn
und seinem Pusteblumenschicksal zu entgehn.
»Sei nicht dumm«, raschelte das Birkenlaub,
»nächsten Sonntag wird dein Kopf zu Staub!«
Doch der Löwenzahn rief empört der Birke zu:
»Nein! Denn am Freitag frißt mich die Kuh!«

11.6.

RAT UND SCHLAG
von Tante Olga

Liebe Tante Olga,
ich heiße Alexander, bin 12 Jahre alt und modisch sehr interessiert. Ich habe blonde, schulterlange Locken und hechtgraue Augen. Ich hätte so gerne einen froschgrünen Mini-Rock, weil ich meine, der würde mich gut kleiden. Aber meine Eltern sagen, ein Knabe dürfe keinen Rock tragen; auch wenn er noch so »mini« ist. Aber meiner Schwester verbieten sie die Nietenhose nicht! Das ist doch ungerecht und unlogisch! Oder?
Dein Alexander

Lieber Alexander,
es ist ungerecht und unlogisch, doch trotzdem rate auch ich Dir vom Mini-Rock ab. Die Zeit ist noch nicht reif dafür. Vielleicht wird sich die Zeit ja bald ändern, aber bis dahin begnüge Dich mit einem Rüschennachthemd. Das sieht niemand, darin kannst Du bis zur Trend-Wende überwintern. Oder wandere nach Schottland aus und trete dem Landsturm der Dudelsack-Pfeifer bei. Dann kannst Du Dich wenigstens kariert, auf Kittelfalten gebügelt, sehen lassen.
Deine Tante Olga

12.6.

Auszählreim

1
2
3
4
Keinen Freund habe ich hier!
5
6
7
8
Werd von allen bloß ausgelacht!
50
100
und
110
Will niemanden nie mehr sehn!
1001
1002
1003
1004
Schrecklich trostlos zumute ist mir!
10 007
10 008
10 009
Kann mich nie mehr im Leben freun!
1 000 408
Was habe ich denn bloß falsch gemacht?

13.6.

Aus dem Schulbuch ELTERN IN ALLER WELT,
zugelassen für das Unterrichtsfach ELTERNLEHRE,
5. und 6. Schulstufe:

Eltern wollen ihre Kinder zu »guten« Menschen erziehen. Aus bisher uner-
forschten Gründen meinen sie, dies mit »guten« Worten erreichen zu können.
Und verzichten auf »gute« Taten. Es gibt Eltern, die spenden keinen Pfennig für
den Hunger in der Welt, sagen dem Kind aber täglich, daß es brav teilen lernen müsse. Es gibt Eltern, die teilen Unmengen von Ohrfeigen aus, sagen aber
täglich dem Kinde, daß mit Gewalt keine Probleme zu lösen seien. Es geht in
diese Sturschädel nicht hinein, daß sich die Kinder nicht an ihren Worten, sondern ihren Taten ein Vorbild nehmen.

Merke:
Eltern beherrschen oft nur die Theorie des »Guten«, die Praxis des »Guten« soll
das Kind erlernen!

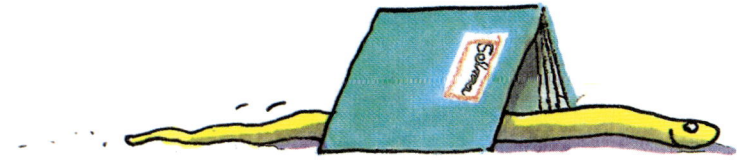

*Als Hausübung zähle 10 Beispiele aus deinem Familienalltag auf, wo deine Eltern selbst nicht so
handeln, wie sie es von dir verlangen!*

14.6.

Das hättet ihr früher bedenken sollen!

Wenn ich schreien wollte,
habt ihr mir das Maul gestopft.
Wenn ich aufstampfen wollte,
habt ihr mir ein Bein gestellt.
Wenn ich beißen wollte,
habt ihr mir den Zahn gezogen.
Wenn ich aufrecht gehen wollte,
habt ihr mich in die Knie gezwungen.
Wenn ich zulangen wollte,
habt ihr mir auf die Finger geklopft.
Wenn ich zuhören wollte,
hat es euch die Rede verschlagen.
Wenn ich zuschauen wollte,
habt ihr mir den Blick verstellt.

Jetzt beklagt ihr euch bitter,
daß ich einer geworden bin,
der keinen eigenen Willen hat!

15.6.

Schulfragen über Schulfragen

Gilt eine Schülerin, die wegen eines sehr schlechten Zeugnisses von daheim ausreißt, als Flüchtling?
Und wenn sie als Flüchtling gilt, wo hat sie dann Asylrecht?
Müßte ihr das nicht gerechterweise der Lehrer gewähren, der ihr das »nichtgenügend« gegeben hat?
Und wenn sie mehrere Lehrer mit »nichtgenügend« beurteilt haben, darf sie dann ein Asylrecht nach eigener Wahl beanspruchen?
Und überhaupt! Warum gibt es eigentlich noch keinen Noten-Sommer-Schlußverkauf zu stark reduzierten Preisen?

16.6.

Patschhand

Wenn **ich** eine Prüfung in der Schule habe,
schluckt meine Mutter eine Beruhigungspille.
Wenn **ich** auf die Prüfung ein »nicht genügend« bekomme,
wachsen meinem Vater zehn weiße Haare.
Und wenn **ich** heuer die Klasse nicht schaffe und sitzenbleibe,
dann trifft meine Mutter und meinen Vater sicher der Schlag.

Eigentlich ist es toll,
daß ein Winzling wie **ich**
das Leben von zwei großen, starken Menschen
völlig in seiner kleinen Patschhand hat.

17.6.

Auszählreim

Lirum
Larum
Löffelstiel,
Kindheit
ist kein
Kinderspiel.
Wie sie
auch immer sei,
selten
ist sie froh,
niemals
ist sie frei!

18.6.

RAT UND SCHLAG
von Tante Olga

Liebe Tante Olga,
ich bin zehn Jahre alt, und alle Leute sagen immer von mir, daß
ich ein »verpatzter Bub« sei. Wie soll ich das verstehen? Als Lob
oder als Tadel?
Freundliche Grüße
A. Berger

Liebe(r) A. Berger,
ich, an Deiner Stelle, würde das gar nicht verstehen wollen! Ich,
an meiner Stelle, kann es ohnehin nicht verstehen, daß Du nicht
schreibst, ob Du ein Knabe oder ein Mädchen bist. Für den Fall
nämlich, daß Du ein Mädchen bist, wäre es ein Lob. Damit würden die Leute andeuten, daß Du, für ein Mädchen, erstaunliche
Aktivitäten setzt. Für den Fall aber, daß Du ein Bub bist, wollen
wohl die Leute andeuten, daß Du eine enttäuschende Ausgabe
Deiner Sorte bist.
Aber egal, was die Leute andeuten, schere Dich nicht drum. Lebe
Dein Leben, A. Berger! Kopf senken – vorpreschen – Vorurteile
in den Boden rammen – durchtauchen! Merke: Mit dem Kopf in
der Hand kommt man durchs ganze Land! Nimm also das Herz
aus der Hose, und trage es hocherhobenen Hauptes – wo immer
Du magst.
Mehr kann ich Dir auch nicht raten,
Deine Tante Olga

19.6.

Eine Karpfenschuppe

Wenn man sie gegen das Licht hält
und ein Sonnenstrahl auf sie fällt,
dann gibt es nichts auf der Welt,
was schöner wär!

Aber meine Mutter hat keine Augen,
die für das Wunderbare taugen.

Sie sieht nicht,
wie's funkelt, glitzert und blinkt.

Sie schnüffelt bloß:
Scheußlich, wie das wieder stinkt!

20.6.

Aus dem Tagebuch des Anton M., aufgefunden bei der endgültigen Räumung der Wohnung der Anna M., in Kleinfrasdorf:

21.6.

Heute ist meine Mutter zu mir ins Zimmer gekommen, als der Karl aufgedreht war. Eine Füllfederpatrone wollte sie.

Ich habe einen Heidenschreck bekommen und mir gedacht: Gleich schreit sie, daß da ja wieder der infame Kerl aus der infamen Kindersendung ist!

Aber meine Mutter hat ganz verweinte Augen gehabt und gar nicht zum Fernseher hingeschaut.

Mir hat meine Mutter leid getan. Dem Karl hat sie auch leid getan. Als sie mit der Füllfederpatrone abmarschiert war, hat er zu mir gesagt: »Geh zu ihr! Heitere sie ein bißchen auf!«

Ich habe es versuchen wollen. Meine Mutter ist im Wohnzimmer gesessen und hat einen Brief geschrieben. *Liebe Frau Dora* ist oben auf dem Briefblatt gestanden. Die »Frau Dora«, das ist die Frau, die in der Illustrierten, die meine Mutter immer liest, Ratschläge erteilt, wie man besser mit dem Leben zurechtkommt.

Meine Mutter hat gesagt, ich soll sie nicht stören und in mein Zimmer gehen.

21.6.

Krebs (22.6.–22.7.)

Krebs-Kinder haben scharfe Scheren.
Wenn sie sich mit denen wehren
gegen Stinker, Mieslinge und andre Plagen,
gibt's viel Jammern und viel Klagen.

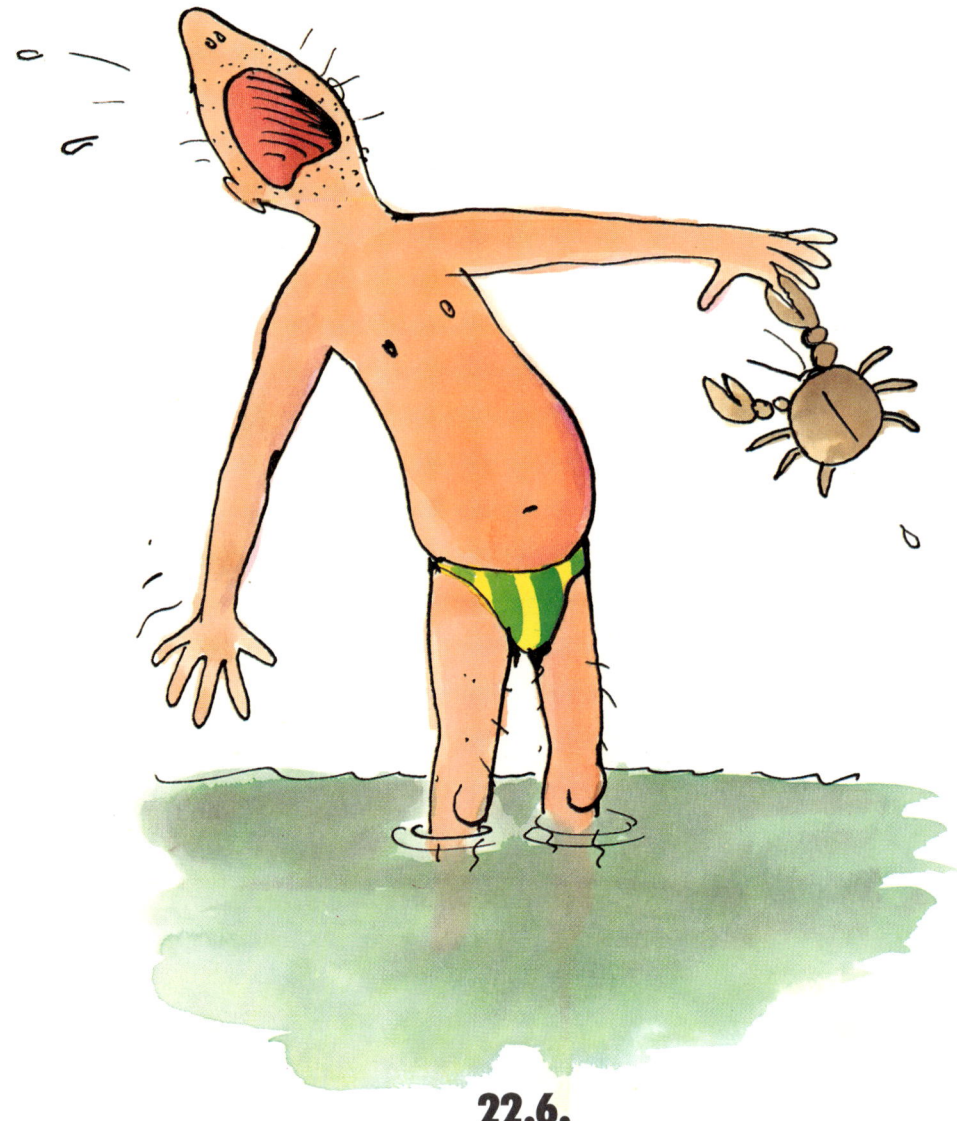

22.6.

Aus dem Schulbuch ELTERN IN ALLER WELT,
zugelassen für das Unterrichtsfach ELTERNLEHRE,
5. und 6. Schulstufe:

Eltern sind von ihrem Kind oft enttäuscht, weil dieses ihren Erwartungen nicht
entspricht.
Beispiele: Mutter erwartet sich ein »Fleißiges Lieschen«, bekommt eine »Lahme
Ente«. Vater erwartet einen »Lausbuben«, bekommt einen »Duckmäuser«.
Gute Eltern sprechen nie aus, daß ihr Kind ihren Erwartungen nicht entspricht.
Es ist trotzdem einfach zu erkennen, was sie sich statt dir erwartet haben!

Merke:
Das Kind, das sie dir dauernd als »Freund« oder als »Freundin« aufschwatzen
wollen, wäre ihr Traumkind!

*Überlegt, wie ihr euren Eltern diese »Traumkinder« madig machen könnt! Schreibt eine Liste mit
allen widerlichen Eigenschaften dieser Kinder! Lest als Hausübung diese Liste euren Eltern vor!*

23.6.

24.6.

Erziehungsirrtum

Der unheimlich ehrgeizige Vater spricht:
Kluger Sohn, allerbestes Herzblatt mein,
ich bin auf gute Noten wahnsinnig erpicht,
und dieses soll dein Schaden nicht sein!

Zwanzig Mark für den Einser rück ich heraus,
weil ich die Einser so überaus gerne mag.
Kommst du mir nur mit einem Zweier nach Haus,
kriegst gerechterweise den halben Betrag.

Für Dreier gibt es überhaupt keinen Lohn,
beim Vierer bezahlst du zehn Märker an mich,
und nimm dir zur Seele, allerbester Sohn,
der Fünfer ist eine 20-DM-Forderung an dich!

Der Sohn denkt: Die Rechnerei ist zu schwierig,
bin weder aufs Kriegen noch Zahlen begierig,
hab daher das Schreiben von lauter Dreiern im Sinn,
denn die bringen mir weder Verlust noch Gewinn.

25.6.

Doppelt mal doppelt

Wenn ich einmal ein Kind haben werde, hat sich mein
Opa als Kind immer vorgenommen, dann werde ich zu
diesem Kind doppelt so lieb sein wie mein Vater zu mir.
Und mein Opa ist ein Mann, der durchführt, was er sich
vornimmt!
Als mein Vater ein Kind war, hat er sich auch immer
vorgenommen: Wenn ich einmal ein Kind haben werde,
dann werde ich zu diesem Kind doppelt so lieb sein wie
mein Vater zu mir!
Und auch mein Vater ist ein Mann, der durchführt, was
er sich vornimmt!
Wenn ich einmal ein Kind haben werde, werde ich mit
der Familientradition brechen! Doppelt mal doppelt
mal doppelt liebgehabt werden, das würde so ein kleiner Wurm nicht aushalten. Ich fange wieder bei meinem Urgroßvater an und werde mein Kind ganz einfach
liebhaben.

26.6.

Aus dem Schulbuch ELTERN IN ALLER WELT,
zugelassen für das Unterrichtsfach ELTERNLEHRE,
5. und 6. Schulstufe:

Eltern gedeihen mit Streicheleinheiten viel besser! Es ist statistisch erwiesen,
daß die Eltern von Schmusekatzen und Küssekönigen weit seltener an Magen-
geschwüren erkranken als die Eltern von Kindern, die nie Zärtlichkeiten verab-
reichen. Schmusen, kuscheln, streicheln, schmatzen, betapschen, stupsen, auch
sanftes Beißen und Benagen sollte tägliche Übung sein! Den Eltern Hund, Katze oder Häschen kaufen, damit diese Haustiere das tägliche Schmuse-Soll
übernehmen, zeugt von großer Lieblosigkeit!

Merke:
Gute Kinder streicheln ihre Eltern selbst!

*Als Hausaufgabe: Vier Küßchen für Mama, vier Küßchen für Papa! (Steigere deine Leistung von
Tag zu Tag ein wenig!)*

27.6.

Vergleich

Es ist mancher
GEDANKEN
bitteres
LOS,
als GEDANKENLOS
abgeurteilt
zu werden.

Ob es aber
einer
HEIMAT
bitteres
LOS
sein kann,
HEIMATLOS
zu sein,
ist nicht
ganz klar.

28.6.

Lieber Vater!
Da meine Meinung bei dir überhaupt nicht zählt,
werde ich ab nun auf deine Deinung auch keinen
Wert mehr legen!
So werden wir zwar nie zu einer Unserung kom-
men, aber daran hast du allein die Schuld.
Dein verbitterter Sohn

29.6.

Stau

Der Vater tritt aufs Gaspedal.
Dem Kind werden die Kurven zur Qual.
Die Mutter schimpft auf den Stau.
Dem Kind wird im Magen flau.
Der Vater überholt rasant und toll.
Das Kind kotzt die hintere Sitzbank voll.

30.6.

*Der Juli
läßt alles sprießen,
aber nur
wenn wir's gießen.*

Alte Schrebergärtnerregel

1.7.

Auszählreim

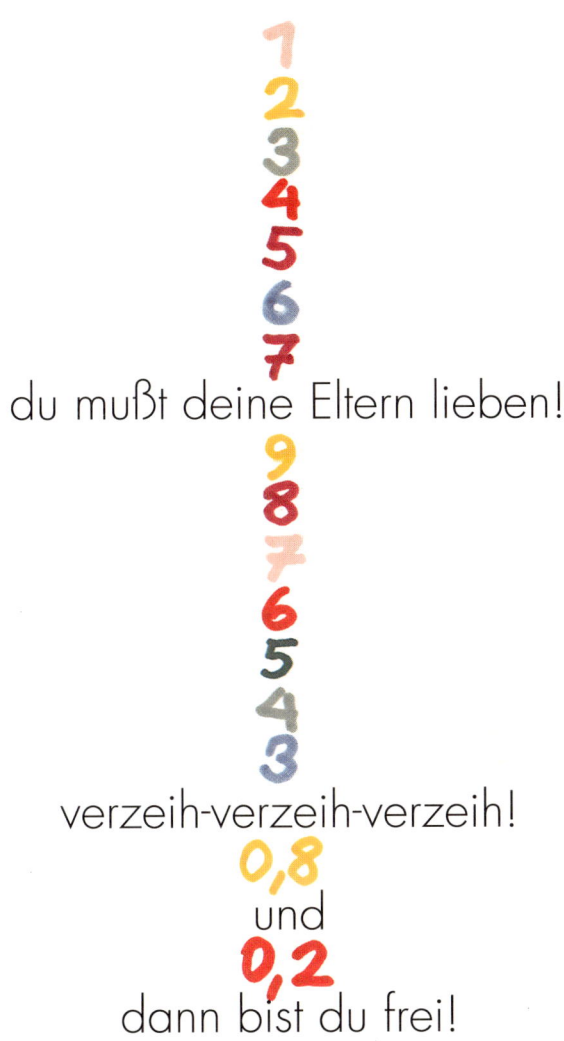

1
2
3
4
5
6
7

du mußt deine Eltern lieben!

9
8
7
6
5
4
3

verzeih-verzeih-verzeih!

0,8

und

0,2

dann bist du frei!

2.7.

Aus dem Tagebuch des Anton M., aufgefunden bei der endgültigen Räumung der Wohnung der Anna M., in Kleinfrasdorf:

3.7.

Ich habe ein Super-Zeugnis bekommen. Bloß der Karl hat sich wirklich dafür interessiert. Meine Mutter und mein Vater sind so sehr mit Streiten beschäftigt, wenn sie daheim sind, daß sie für Zeugnisse keine Zeit haben. Dabei ist das das allerbeste Zeugnis, das ich je im Leben bekommen habe.

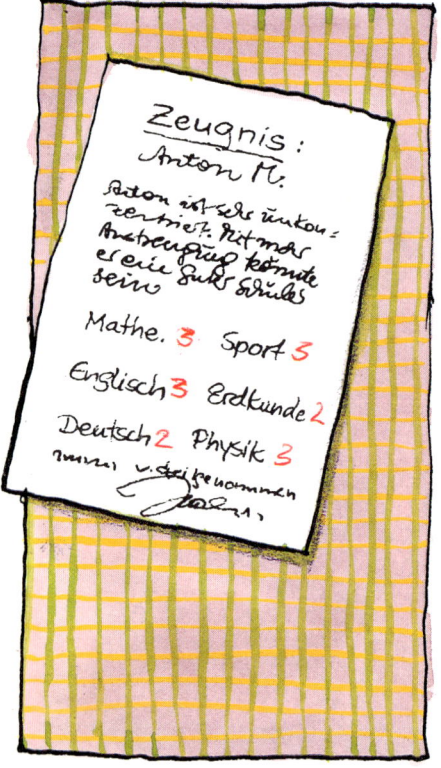

Weil ich weiß, daß sich die Oma über mein Zeugnis freuen würde, bin ich ins Papierwarengeschäft gegangen. Die haben dort einen Kopierer. Für zwei Schilling haben sie mein Zeugnis kopiert. Die Kopie schicke ich jetzt der Oma. Ich schreibe aber dazu, daß sie ja nicht auf die Idee kommen soll, mir für das Zeugnis Geld zu schicken. Andere Omas tun das ja. Aber meine Oma hat nur eine kleine Rente, und die Miete hat ihr der Hausherr auch erhöht. Da bleibt ihr nicht einmal genug Geld, um sich neue Kleider zu kaufen. Mein Vater wollte der Oma jeden Monatsanfang einen Tausender überweisen. Meine Mutter wollte das nicht! Deswegen hat es ein paar Wochen Streit gegeben. Dann hat der Papa den Tausender doch an die Oma überwiesen. Drei Tage darauf ist ein Brief von der Oma gekommen. Mit dem Tausender drinnen. Sie will von ihrem Sohn nichts geschenkt haben, hat sie dazu geschrieben. Sie kommt auch so zurecht. Neue Kleider braucht sie nicht.

Ich glaube, mein Vater war ziemlich erleichtert. »Wer nicht will, der hat schon«, hat er gemurmelt und den Tausender in die Brieftasche getan. Meine Mutter hat wollen, daß er ihr für den eingesparten Tausender eine Putzfrau gönnt. Eine Polin, hat sie gesagt, arbeitet dafür glatt zwanzig Stunden. Mein Vater hat bloß hohngelacht. Eine Nur-Hausfrau braucht keine Putzfrau, hat er gesagt. Ob sie vielleicht auch noch eine Köchin und ein Stubenmädchen haben will?

Wenn meine Eltern streiten, hört das der Karl natürlich mit. Er versucht mir dann immer zu erklären, warum meine Mutter böse auf meinen Vater ist, und warum mein Vater böse auf meine Mutter ist. Aber was passieren müßte, daß die zwei das blöde Streiten sein lassen, weiß er auch nicht. Wenn ich ihn das frage, zuckt er mit den Schultern und murmelt irgend etwas wie: »Es ist ein Jammer!«

Aus dem Tagebuch des Anton M., aufgefunden bei der endgültigen Räumung der Wohnung der Anna M., in Kleinfrasdorf:

4.7.

Der Karl will immer, daß ich ihm von den Kindern, die ich kenne, erzähle. Aber ich weiß da nicht viel zu erzählen. Angeblich bin ich ein Außenseiter. Das hat unser Klassenvorstand zu meiner Mutter gesagt.

Bei uns im Haus, da gibt es, abgesehen von drei Kleinkindern, nur die Sissi. Mit der habe ich früher im Hof gern gespielt. Aber dann hat sich meine Mutter mit der Mutter der Sissi total zerstritten, und sie hat mir nicht mehr erlaubt, die Sissi im Hof zu treffen.

Dem Karl mag ich das nicht erzählen. Der würde mich nämlich fragen, warum ich auf meine Mutter gehört habe. Er würde sagen, daß ich ein Recht auf Freunde nach eigener Wahl habe!

Ich habe ja ohnehin versucht, weiter mit der Sissi Freund zu bleiben. Heimlich halt. Aber die Sissi wollte dann einmal zu mir rauf in die Wohnung kommen, und wie ich ihr erklärt habe, daß das wegen meiner Mutter nicht geht, war sie stocksauer. Ganz hochmütig hat sie geschaut und gesagt: »Dann baba und vergiß mich, Anton!«

Sie hat mich eben nicht wirklich gern gehabt.

4.7.

KLEINER LEHRGANG FÜR DEN UMGANG MIT ELTERN IM URLAUB

In drei Lektionen

Erste Lektion:

1. Die Kinder, mit denen du im Urlaub Freundschaft schließt, haben Eltern. Und diese Eltern fühlen sich bemüht, zu den Eltern der Freunde ihrer Kinder freundschaftliche Beziehungen aufzubauen. Suche dir daher nur Freunde, deren Eltern den deinen angenehm sind.

2. Eltern versprechen für den Urlaub viel! Sie tun dies in Kenntnis der eigenen Charakterschwäche. Nimm also Versprechen wie »Jeden Tag rudern wir über den See« oder »Jeden Abend lese ich dir eine Geschichte vor!« nicht ernst. Weise aber doch hin und wieder auf diese nicht eingehaltenen Versprechen hin, dann bekommst du spielend ein viertes Eis oder ein sechstes Cola pro Tag.

3. Ist in einem Restaurant eine Speise besonders köstlich, unterdrücke deine helle Begeisterung. Der schlichte Hinweis »Aber die Mama macht das zu Hause noch viel, viel besser!« kann allerhand zur Urlaubsfreude deiner Mutter beitragen!

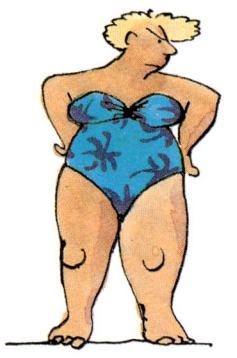

4. Apropos Mütter! Es gibt dicke und dünne Mütter, flache und gewölbte Mütter, glatte und faltige, sonnenbraune und krebsrote. Irgendwelche Vergleiche zwischen deiner Mutter im Badeanzug und den anderen, am Strand herumliegenden Frauen sind nur dann angebracht, wenn deine Mutter eine dünne, gewölbte, glatte, sonnenbraune sein sollte!

5.7.

KLEINER LEHRGANG FÜR DEN
UMGANG MIT ELTERN IM URLAUB

Zweite Lektion:

5. Eltern wollen stolz auf ihre Kinder sein! Sagen andere Urlauber zu deinen Eltern: »Sie haben aber ein reizendes Kind!«, sind deine Eltern im siebten Urlaubshimmel. Diesen Effekt zu erreichen, ist weiter nicht schwer. Immer jedermann brav grüßen und dabei blöde lächeln, das reicht schon.

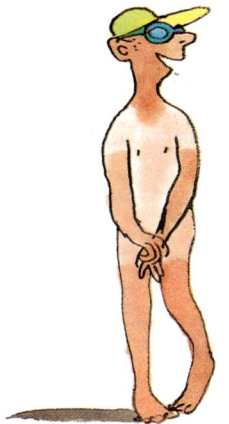

6. Im Urlaub geht ohnehin viel verloren: Sonnenhüte, Sonnenbrillen, Füllfedern, Fotoapparate, Badetücher, Badehosen usw. Aber Eltern sind sehr oft besitzfixiert! Um ihnen vorzeitigen Kummer wegen eines Verlustes zu ersparen, warte mit der Verlustmeldung bis zum Urlaub.

7. Eltern lieben es, Städte zu besichtigen. Darunter verstehen sie Gänge durch Kirchen und Museen, Theater, Steinhaufen aus uralter Zeit und ähnliche Lästigkeiten. Die gleichzeitige Einnahme von viel Speiseeis und ungewaschenem Obst schützt dich vor solchen Jammermärschen. Davon kriegst du nämlich Durchfall und mußt im Hotel bleiben und kannst dort fernschauen!

KLEINER LEHRGANG FÜR DEN UMGANG MIT ELTERN IM URLAUB

Dritte Lektion:

8. Eltern wünschen sich für den Urlaub vor allem Harmonie! Darunter verstehen sie, daß du mit deinen Geschwistern nicht streitest, wenn es sein muß, ohne Widerspruch fetten, alten Hammel ißt und mit *einem* Getränk pro Mahlzeit auskommst. Ferner, daß du keine Schokolade auf Autositzen schmelzen läßt und je nach Bedarf schläfrig oder putzmunter bist. Ganz wichtig: Nur in passenden Situationen das Bedürfnis, Pipi machen zu müssen, äußern!!!!

9. Bei längeren Autofahrten frage nie: »Wann sind wir endlich da?« Kotze auch nur in Plastiktüten. Verjage lästige Stechinsekten so, daß du dabei dem Autolenker nicht auf den Schädel drischst, und klebe deiner kleinen, immerzu greinenden Schwester das Leukoplast so heimlich über den Mund, daß es deine Eltern nicht mitkriegen. Sie wären sonst in einem tragischen Konflikt zwischen Pflicht und Neigung!

10. Auch wenn es deine Eltern nicht wissen: Urlaub ist Leben unter enorm erschwerten Bedingungen! Daher ist gerade in dieser Zeit eine gewisse Milde den alten Herrschaften gegenüber angebracht.

7.7.

RAT UND SCHLAG
von Tante Olga

Liebe Tante Olga,
mein Klassenlehrer hat ein Vorurteil gegen mich. Immer wenn
wer in der Klasse schwätzt oder tuschelt, schreit er: »Kurt, halt
den Mund!« (Der Kurt bin ich!) Das hat er, sagen meine Mitschüler, sogar geschrien, als ich mit Masern daheim im Bett lag.
Was soll ich tun?
Dein ratloser Kurt

Lieber Kurt,
tue gar nichts. Was Dir passiert, nennt man »Image«, und das
gehört zu einer richtigen Persönlichkeit dazu. Sei froh, daß Du
Deines preiswert weg hast. Lehrervorurteile gibt es ja noch viele:
Klassen-Dummer, verstockt, geistig verwahrlost, impertinent
und – und – und! Ich finde, Du bist recht passabel weggekom-
men. Und noch viele nette Schwätzchen wünscht Dir
Tante Olga

8.7.

Der Rabe

Zwei Knaben
lebten sehr inniglich zusammen
mit einem Raben.
Der fraß nur
Kalbfleisch auf Erbsenreis
und Hummer pur.
Nach 1000 Tagen
mußten sich die deprimierten Knaben
ehrlich sagen:
Das heikle Vieh kommt uns zu teuer!
Wir schaffen's nie!
Es kann nichts dafür.
Aber besser wäre es,
wir setzen es vor die Tür!
Dieses taten
die zwei Knaben augenblicklich,
aber - gut geraten -
beim weit offenen Fenster
flatterte der Rabe wieder herein.
Den tiefbetroffenen Knaben zum Schreck
krächzte der Kerl: Auf ewig euer zu sein,
ist mein Lebenszweck!

9.7.

Aus dem Tagebuch des Anton M., aufgefunden bei der endgültigen Räumung der Wohnung der Anna M., in Kleinfrasdorf:

10. 7.

Morgen fahren wir auf Urlaub. Für vier Wochen. Nach Griechenland. Ich weiß wirklich nicht, wie ich so lange ohne den Karl auskommen soll. Würden meine Eltern nicht in einen mickrigen Bungalow ziehen, sondern in ein schönes, teures Hotel, müßte ich auf den Karl auch gar nicht verzichten. Der Karl hat mir nämlich gesagt, daß ich ihn auf jedem x-beliebigen Fernsehapparat empfangen kann. Ganz gleich, wo, ganz gleich, welche Marke, welches Baujahr. Ich müßte bloß meine Fernbedienung mitnehmen. Nur auf den blauen Knopf kommt es an! Aber der lausige Bungalow, den wir gemietet haben, der ist garantiert ohne TV!

Der Karl wird auch auf Urlaub gehen, weil ich ihn sowieso nicht empfangen kann. Wie das mit seinem Urlaub genau funktioniert, will er mir nicht erklären. »Zu kompliziert«, hat er gesagt. Nur soviel hat er rausgelassen: Er kann in jeder TV-Serie, die gerade auf irgendeinem Programm läuft, Ferien machen!

»Was? In der Lindenstraße zum Beispiel auch?« habe ich gefragt.

»Können tät ich, aber ich bin doch nicht blöd«, hat er mir geantwortet. »Ich such mir etwas Ländlich-friedliches. Angeblich wiederholen sie in SAT 1 den Landarzt, vielleicht schlüpf ich da unter! Oder ich zieh in den Schloßgarten der von Guldenburgs ein.«

Wie er das meint, ist mir nicht klar. Aber wenn der Karl etwas nicht sagen will, dann beißt man sich bei ihm die Zähne aus!

RAT UND SCHLAG
von Tante Olga

Liebe Tante Olga,
muß ich wirklich so werden, wie mich meine Mutter haben will?
Oder darf ich so werden, wie ich mich selbst haben will?
Deine Kathi

Liebe Kathi,
der Fall ist klar. Nur wenn Deine Mutter bereit wäre, so zu werden, wie Du sie haben willst, bestünde für Dich die Verpflichtung,
so zu werden, wie sie Dich haben will. Aber wenn Deine Mutter
so wäre, wie Du sie wolltest, hättest Du Dein Problem ja nicht.
Also: Kopf voran, immer durch die offene Tür und nicht in die
Wand rein!
Deine Tante Olga

11.7.

Abendgebet

Herrgott, allmächtiger,
wie teilst Du das bloß ein?
Wer darf ein Weißer,
wer muß ein Schwarzer sein?
Wen machst Du arm,
wer kriegt in Masse Moneten?
Wer wird ein Graf,
wen machst Du zum Proleten?
Wen läßt Du lang auf Erden,
wen holst Du Dir bald zurück?
Wen ersäufst Du im Elend,
wen verwöhnst Du mit Glück?

Ob das bei Dir wohl
nach einem genauen Plan geht?
Oder ob das
in fernen Galaxien in einem Stern steht?

Sag bloß nicht,
Du mischst Dich da gar nicht ein.
Ein Allmächtiger
darf nicht so gleichgültig sein!

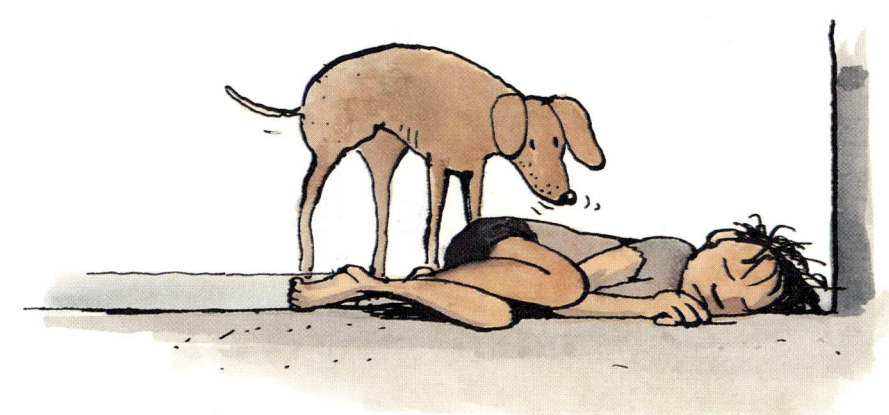

12.7.

13.7.

Lieber großer Bruder,

könntest Du bitte so nett sein und Dir eine hellblonde Strähne in die Haare bleichen? Meine Schulfreundinnen schwärmen jetzt so für hellblonde Strähnen in blondem Jünglingshaar.

Früher haben sie Dich alle angebetet, wodurch ich gewisse Vorteile hatte, aber seit sie diesen Strähnen-Tick haben, bist Du bei ihnen total "out" und ich mit Dir!

Nimm kein Wasserstoffperoxid, da wird es zu gelb!

Und wenn Du schon bei der General-Überholung bist, laß Dir vier Löcher ins linke Ohr stechen.

Trixi mag das so! Und die hat immer die besten Pausenbrote mit.

Deine kleine Schwester

14.7.

Aus der Kinder-BILD vom 15. 7.
Inseratenteil

15.7.

16.7.

Möchte eine Tante für Festtage, an denen Geschenke ausgetauscht werden, adoptieren. Biete Topflappen, bemalte Joghurtbecher, Kastanienketten, Tuschezeichnungen und Strohsterne sowie handgeknetete Tonaschenbecher. Erwarte Bares!

17.7.

Mein Großvater

Mein Großvater füttert gerne die Spatzen im Hof mit Brotbröseln.
Er liebt die Spatzen.
Die Tauben mag er nicht.
Er trägt immer ein paar getrocknete Kirschkerne in der Tasche.
Und einen Gummiring. Wenn sich die Tauben dem Futterplatz
nähern, schießt er nach ihnen.
Der Kummer meines Großvaters aber ist, daß sich die Spatzen
ebenso betroffen fühlen wie die Tauben, was der Situation auch
entspricht, denn mein Großvater schießt furchtbar schlecht.
Es erstaunt mich jedoch sehr, daß ich weder für die Tauben noch
für die Spatzen, sondern für meinen Großvater so großes Mitleid
empfinde.

18.7.

Ich saß mit ihr im Lusthäuschen
und bat sie innig: Hust, Läuschen!

19.7.

Lied mit zwei Strophen

Die eigenen Kinder zu lieben
darf nicht abgelehnt werden.
Auch dann nicht,
wenn da etwas lebt und heranwächst,
von dem man feststellt:
Es war sehr anders gemeint!
Die Frage ist außerdem,
wie weit man da überhaupt
zu etwas berechtigt ist
über die Verabreichung von Vitaminen
und den Ankauf von Kleidung
hinaus.

Die eigenen Eltern zu lieben
darf nicht abgelehnt werden.
Auch dann nicht,
wenn da etwas lebt und Geld zählt,
von dem man feststellt:
Ich habe damit nichts gemein!
Die Frage ist außerdem,
wie weit man da überhaupt
zu etwas berechtigt ist
über das Abverlangen von Geld
und die kleinen Lügen im Detail
hinaus.

20.7.

Aus dem Schulbuch ELTERN IN ALLER WELT,
zugelassen für das Unterrichtsfach ELTERNLEHRE,
5. und 6. Schulstufe:

Eltern haben sich meistens darüber geeinigt, wer von ihnen für welchen Sektor der Kinderaufzucht zuständig ist. *Bringe diese Aufteilung nicht mutwillig durcheinander!* Sage nicht zum Vater: »Bitte, flick mir die Hose!« Frage nicht die Mutter: »Bitte, wie spaltet man Atome?« Es könnte ja gut sein, daß dir deine Mutter diese Frage beantworten kann, es kann aber kaum sein, daß dir dein Vater die Hose flickt. Falls es daheim bei dir so wirr zugeht, daß du nicht durchschaust, wer wofür zuständig ist, suche Antworten auf Fragen im Lexikon und flicke deine Hose selbst.

Merke:
Eltern wollen auf eingefahrenen Gleisen rollen. Verstellt man ihnen die Weichen, entgleisen sie leicht!

Besprecht das in der Klasse! Überlegt, auf welchem Gleis ihr einmal Zug sein wollt!

21.7.

Mutterschule

Es war einmal eine Hasenmutter, die bekam jedes Jahr sieben Hasenkinder. Als ihr allererster Wurf in die Schule kam und dort tagtäglich mit nichts als roten »sagenhaft ungenügend« und »mangelhaft unbefriedigend« unter den Schularbeiten heimkehrte, war sie total erschüttert, wütend und böse, zog die armen Junghasen an den Löffeln und kniff sie strafweise in die Stummelschwänze.

Als es ihrem nächsten Hasenwurf in der Hasenschule nicht anders erging, war sie nicht mehr so erschüttert. Aber böse und wütend war sie schon, zog wieder an den Löffeln und zwickte in die Stummelschwänze. Beim schulischen Mißerfolg ihres dritten Wurfes war sie an die vielen »sagenhaft ungenügend« und »mangelhaft unbefriedigend« schon so gewöhnt, daß sie nur noch an den Löffeln zog und sich das Stummelschwanzkneifen ersparte. Im Jahr darauf, als ihr vierter Wurf mit abscheulich miesen Zensuren aus der Hasenschule heimgehoppelt kam, sprach sie in aller Seelenruhe: »Hauptsache, die Kinder sind gesund!«

So geht das im Leben. Nicht nur bei Hasen, auch bei Menschen. Aber welches Kind hat schon das Glück, das achtundzwanzigste einer lernfähigen Mutter zu sein?

22.7.

Löwe *(23.7.–23.8.)*

Löwen gelten als mutig und verwegen,
aber es gibt auch die trägen,
schläfrigen Exemplare,
die haben bloß viele Haare
ums Maul,
sind aber faul.

23.7.

Aus dem Tagebuch des Anton M., aufgefunden bei der endgültigen Räumung der Wohnung der Anna M., in Kleinfrasdorf:

24.7.

Jede Nacht träume ich vom Karl. Wenn ich dann munter werde, weil das Meer so stark rauscht oder streunende Katzen so laut kreischen, ist meine Sehnsucht nach dem Karl riesengroß.

Hätte ich Trottel doch bloß meine Fernbedienung mitgenommen! In unserem Bungalow ist natürlich – ganz so, wie ich vermutet hatte – kein TV-Apparat. Doch es gibt da auch ein »Haupthaus«. Dort bekommen wir das Essen, und am Abend sitzen dort die Erwachsenen herum und trinken Wein und Bier. Und zum Tanzen gibt es eine Terrasse. Einen Fernsehraum gibt es auch. Viele Leute sind nie dort, weil man nur drei griechische Sender empfangen kann, und die Gäste verstehen nicht Griechisch, die sind ja alle Touristen aus anderen Ländern.

In der Mittagszeit, wenn die Hitze am größten ist, ist überhaupt nie jemand in diesem Fernsehraum. Da halten die Gäste den Mittagschlaf oder sind am Strand unten. Da könnte ich mir den Karl reinziehen! Obwohl, ich bin mir nicht klar, ob ich wirklich könnte! Er ist ja jetzt auch auf Urlaub. Wir haben nicht darüber gesprochen, ob ihn mein blauer Knopf auch in seiner Urlaubs-Serie orten kann.

24.7.

Rechtfertigungsgedicht
Bei der Heimkehr vom Park aufzusagen

Liebe Eltern, meine Hose ist zerrissen,
und mein Hemdlein ist auch zerschlissen.
Auf meiner Lippe ist blutiger Schaum,
aber aus dem Kampf unterm Kastanienbaum,
schritt euer Sohn als Sieger davon,
und nicht alle Eltern haben einen Sohn,
der seine Wut in keiner Weise zügelt
und sieben große Knaben allein verprügelt!
Freut euch über euer seltenes Exemplar,
und krümmt ihm – bitte – kein einziges Haar!

25.7.

Liebe große Schwester,

Jeder verdient sich gern ein bißchen nebenbei.

Daher bin ich sehr happy, daß mir Dein Ex-Freund Erwin pro Woche 10 Schilling bietet, wenn ich genau erzähle, wer Dich so besucht, mit wem Du herumknutscht, und was sich sonst noch so liebesmäßig in Deinem Leben alles so abspielt. Aber für 20 Schilling die Woche könnte ich den Mund halten. Und für 30 Schilling wäre ich sogar bereit, ihm Falschmeldungen ganz nach Deinem Wunsch zu liefern.

Dein kleiner
Bruder

26.7.

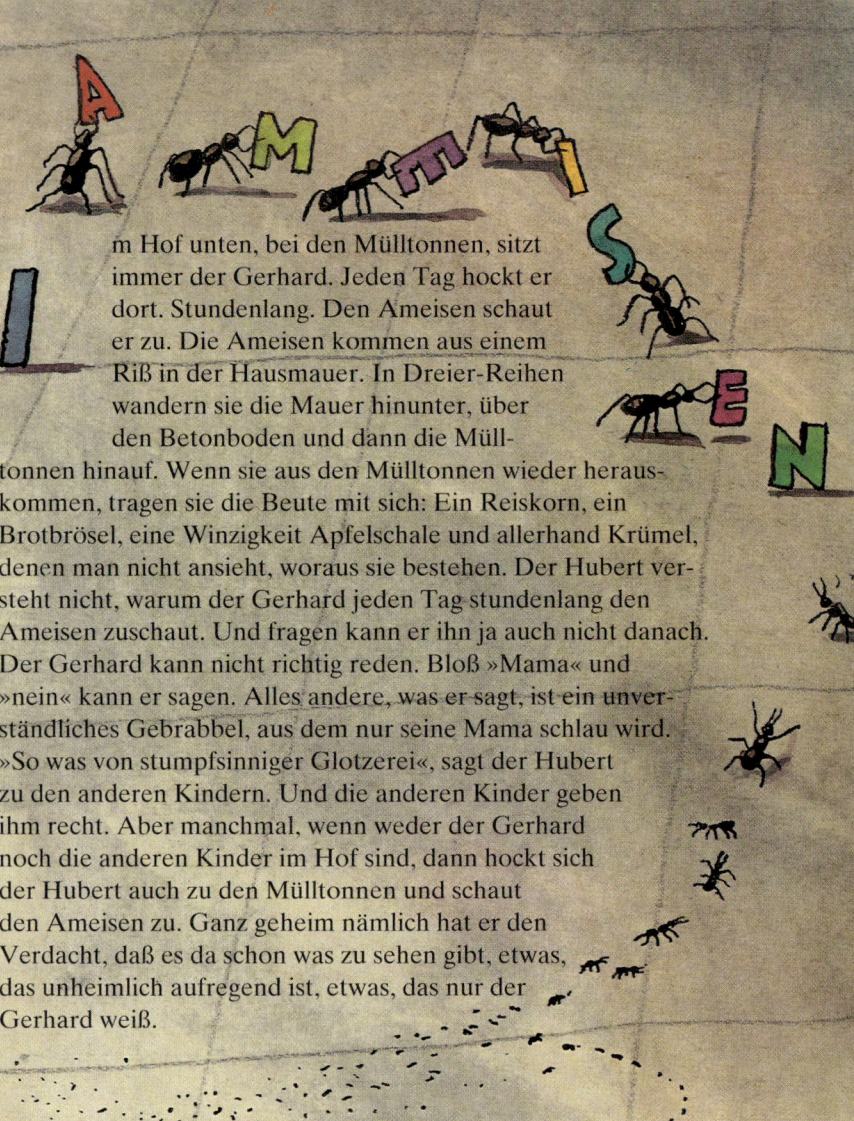

m Hof unten, bei den Mülltonnen, sitzt immer der Gerhard. Jeden Tag hockt er dort. Stundenlang. Den Ameisen schaut er zu. Die Ameisen kommen aus einem Riß in der Hausmauer. In Dreier-Reihen wandern sie die Mauer hinunter, über den Betonboden und dann die Müll-tonnen hinauf. Wenn sie aus den Mülltonnen wieder heraus-kommen, tragen sie die Beute mit sich: Ein Reiskorn, ein Brotbrösel, eine Winzigkeit Apfelschale und allerhand Krümel, denen man nicht ansieht, woraus sie bestehen. Der Hubert ver-steht nicht, warum der Gerhard jeden Tag stundenlang den Ameisen zuschaut. Und fragen kann er ihn ja auch nicht danach. Der Gerhard kann nicht richtig reden. Bloß »Mama« und »nein« kann er sagen. Alles andere, was er sagt, ist ein unver-ständliches Gebrabbel, aus dem nur seine Mama schlau wird. »So was von stumpfsinniger Glotzerei«, sagt der Hubert zu den anderen Kindern. Und die anderen Kinder geben ihm recht. Aber manchmal, wenn weder der Gerhard noch die anderen Kinder im Hof sind, dann hockt sich der Hubert auch zu den Mülltonnen und schaut den Ameisen zu. Ganz geheim nämlich hat er den Verdacht, daß es da schon was zu sehen gibt, etwas, das unheimlich aufregend ist, etwas, das nur der Gerhard weiß.

27.7.

Aus dem Schulbuch ELTERN IN ALLER WELT,
zugelassen für das Unterrichtsfach ELTERNLEHRE,
5. und 6. Schulstufe:

Eltern neigen dazu, ihre weniger netten Eigenheiten vor den Freunden ihrer Kinder zu verbergen. Sie versuchen, »gut dazustehen«!
Ein Knurrhahn von Vater kann einen reizenden Kerl vormogeln, wenn seine Tochter mit drei Freundinnen heimkommt. Es gibt auch geizige Mütter, denen nur dann ein Geldschein zu entlocken ist, wenn der dringliche Geldbedarf in Anwesenheit von zwei oder noch besser drei Freunden ausgesprochen wird!

Merke:
Eltern haben Angst, daß dich deine Freunde wegen der Ausschuß-Qualität deiner Eltern bedauern könnten!

Bildet in der Klasse Arbeitsgruppen! Wählt Begleitpersonen, die bei Bedarf mit euch heimkommen, um eure gerechten Forderungen durchsetzen zu helfen oder um Strafe von euch fernzuhalten!

28.7.

Heute

Um 1 Uhr erfriert in Noma, Alaska, ein abgestürzter Hubschrauberpilot.
Um 2 Uhr sagt in Hawai ein Mann zu seiner Frau: »Unsere Liebe ist tot!«
Um 3 Uhr raubt in Vancouver ein Mann eine Million aus einer Bank.
Um 4 Uhr werden in Los Angeles dreizehn kleine Kinder sehr krank.
Um 5 Uhr hat in Mexico-City eine junge Frau einen schrecklichen Traum.
Um 6 Uhr ist vor New Orleans das Meer voll dreckigem, braunem Schaum.
Um 7 Uhr feiert in Valparaiso ein katholischer Priester die erste Messe.
Um 8 Uhr steht in Buenos Aires ein Polizist frierend in kalter Nässe.
Um 9 Uhr verflucht ihr Leben in Rio de Janeiro eine uralte Frau.
Um 10 Uhr ist in Grönland der Himmel voll Schnee und ganz dunkelgrau.
Um 11 Uhr schüttelt in Dakar ein kleiner Bub aus seinen Sandalen Sand.
Um 12 Uhr geben sich in Paris ein Schwarzer und ein Weißer die Hand.
Um 13 Uhr bürstet in Neapel eine Schönheit ihre schwarzen Ringellocken.
Um 14 Uhr rennt sich in Ankara ein Vertreter Löcher in die Socken.
Um 15 Uhr betrügt in Madagaskar ein Fabrikant die Arbeiter um den Lohn.
Um 16 Uhr gebiert unter Schmerzen in Somalia eine Frau ihren zehnten Sohn.
Um 17 Uhr verliert in Karachi ein Mädchen ihre über alles geliebte Puppe.
Um 18 Uhr kocht sich in Jakutsk, Rußland, ein alter Mann eine dicke Suppe.
Um 19 Uhr haben in Java tausend Kinder kein eigenes Bett zum Schlafen.
Um 20 Uhr steuern in Manila drei Segler ihre Jachten in den Hafen.
Um 21 Uhr diskutieren in Tokio zwei Millionäre über gerechte Stundenlöhne.
Um 22 Uhr verdrischt in Canberra ein betrunkener Farmer seine drei Söhne.
Um 23 Uhr versucht ein Kapitän durchs Fernglas Novo Sibirsk zu entdecken.
Um 24 Uhr muß in Neuseeland eine Frau ihren Mann zur Frühschicht wecken.

Und wäre meine Weltkarte auch noch doppelt so breit,
es passierte trotzdem alles genau zur gleichen Zeit.

29.7.

Aus dem Tagebuch des Anton M., aufgefunden bei der endgültigen Räumung der Wohnung der Anna M., in Kleinfrasdorf:

30.7.

Im Bungalow links von unserem Bungalow hat ein Mädchen gewohnt. Ein sehr liebes Mädchen. Deutsch hat sie nicht können. Nur Holländisch. Sie hat ein paarmal mit mir zu reden versucht. Wie sie gemerkt hat, daß ich kein Wort verstehe, hat sie mir bloß noch zugelacht, wenn wir einander begegnet sind. Und einmal hat sie »Mareike« gesagt und sich dabei auf die Brust getippt. Da habe ich »Anton« gesagt und mich verbeugt.

Danach war es zwischen uns schon fast eine stumme Freundschaft.

Gestern ist die Mareike mit ihrer Mutter abgereist. Ich habe sie bis zum Platz vor dem Haupthaus begleitet und ihr nachgewunken, als sie in den Autobus eingestiegen ist.

Der Karl hätte mir sicher ein paar holländische Sätze beibringen kön-

nen. Wie geht es dir? Und: Du hast schöne blaue Augen. Und: Wollen wir zusammen ins Wasser gehen?

Dann wäre alles anders gekommen. Vielleicht hätte sie mir dann sogar ihre Adresse aufgeschrieben, und ich wäre ihr Brieffreund geworden. Der Karl hätte mir sicher die holländischen Briefe übersetzen und mir holländische Briefe diktieren können!

Horoskop

Für den 31. Juli hatte das Horoskop in der Zeitung dem Hans einen Glückstag vorausgesagt. Aber: Am Morgen rutschte er beim Duschen in der Badewanne aus und schlug sich die Nase am Wasserhebel blutig. In der Schule bekam er Streit mit seinem Freund und auf die Rechenarbeit einen Fünfer. Zu Mittag zerbrach ihm der volle Saftkrug in den Händen, dann verlor er eine Wette gegen seine Schwester, was ihn um seine ganze Barschaft ärmer machte. Und am Abend zerbiß er ein Hustenbonbon, und dabei brach sein linker Eckzahn ab.

»So ein Unglückstag!« rief seine Mutter. »Da sieht man, daß Horoskope gar nichts wert sind!«

»Aber nein«, widersprach der Hans. »Ungemach über Ungemach donnert auf mich herab, und ich bin trotzdem heiter! Ein größers Glück, als Unglück heiter zu ertragen, gibt es doch gar nicht! Die Sterne haben schon recht!«

31.7.

IM AUGUST ZIEHEN DIE MASSEN ANS MEER, UND DIE STÄDTE SIND WUNDERBAR LEER.

Neue Städterregel

1.8.

Abendgebet

Verehrte, heilige Jungfrau,
mach mich bitte klug und schlau.
Immer der Blöde sein ist traurig,
und das Leben als Klassendepp – schaurig.
Verteilt den Grips nicht so gemein,
Chancengleichheit sollte sein!

2.8.

Montag, 11 Uhr 17

Sitze gähnend im Klassenzimmer,
ist stinköd wie immer.
Hat garantiert seine dreißig Grad.
Mir ist kaugummifad!

Der Lehrer schimpft mit Kathrein.
Gleich schlaf ich ein.
Jetzt läßt er die Kathrein in Ruh.
Mir fallen die Augen zu.

Nimmt mich der Kerl jetzt noch dran,
merkt er, daß ich gar nichts kann.
In 1043 Sekunden ist die Stunde um.
Wer kichert da so dumm?

Wie langsam so eine Minute vergeht!
Was bloß auf der Tafel steht?
Der Alexander furzt wie ein Schwein!
Könnt nicht noch Sonntag sein?

3.8.

Hinschauen

»Hans«, sagte die Mutter zum Hans, als sie mit ihm durch den Park ging und an einer Parkbank vorbeikam, auf der ein alter Mann saß, welcher zerlumpte Kleider am Leibe und sein ganzes Hab und Gut in zwei Plastiktaschen bei sich hatte, »schau nicht hin! Armen Leuten ist es peinlich, wenn man sie anstarrt!«

Der Hans gehorchte der Mutter und war sehr froh. Denn bevor ihm die Mutter das Hinschauen verboten hatte, hatte der Hans gesehen, daß der alte Mann ein Schild um den Hals hängen hatte, auf dem stand: *Habe Hunger! Bitte um milde Gabe!*
Und der Hans hatte Lust auf ein Eis und wußte, daß seine Mutter nur sehr ungern zweimal während eines Spaziergangs nach der Geldbörse griff.

4.8.

RAT UND SCHLAG
von Tante Olga

Liebe Tante Olga,
sind alle Eltern so wie meine, oder gibt es auch andere?
Dein Hartmut

Lieber Hartmut,
das ist eine schwere Frage! Sicher gibt es auch andere Eltern als
Deine, aber diese sind genauso wie Deine!
Ich weiß, das klingt widersprüchlich, aber: Alle Eltern, egal ob
klein oder groß, dick oder dünn, reich oder arm, jung oder alt,
klug oder dumm, faul oder fleißig, halten ihre Kinder für hübsch
und intelligent und im tiefsten Kern der Seele auch für wohlgera-
ten. Und alle Eltern sagen zu den Kindern: »Wir wollen doch nur
euer Bestes!«
Ganz nebenbei: Das sollte man ihnen nicht geben!
Deine Tante Olga

5.8.

Aus dem Schulbuch ELTERN IN ALLER WELT,
zugelassen für das Unterrichtsfach ELTERNLEHRE,
5. und 6. Schulstufe:

Es gibt Eltern, die ihre Kindheit richtig in Erinnerung haben, und es gibt Eltern, denen da gehörige Irrtümer unterlaufen.

Die Eltern, die sich falsch erinnern, meinen, seinerzeit brave, lerneifrige, folgsame, bescheidene und stets zufriedene Kinder gewesen zu sein. Üblicherweise ist das Leben für ein Kind leichter, wenn sich die Eltern richtig erinnern können. Aber auch bei solchen Eltern gibt es Tücken! Viele von ihnen meinen falscherweise, exakt so, wie sie als Kinder gewesen seien, sei nun ihr Kind! Was zur Folge hat, daß sie ihr Kind (zum Beispiel) mit einem Klavier beglücken, bloß weil sie als Kind gern Klavier gelernt hätten. Oder sie verfrachten das Kind in ein Ferien-Zelt-Lager, weil sie seinerzeit gerne zeltlagerten. Schrecklichster Irrtum: Sie bescheren dem Kind fünf Geschwister, weil sie unter dem Los des Einzelkindes gelitten hatten!

Merke:
Täglich zehnmal zu brüllen »Ich bin nicht du!« bringt zwar keine Heilung, lindert aber den Schmerz!

6.8.

ANZEIGE 6

PHLEGMA-Forte,
die Tablette,
die Eltern immun gegen Lehrervorwürfe macht!
Nicht zähneknirschend zerkauen,
nicht sorgenvoll lutschen,
einfach im Mund schmelzen lassen!
Und sie werden nicht mehr rot sehen,
wenn sie Rotes in Schulheften erblicken!

Nur in Apotheken!
Nur auf Rezept!

7.8.

Zentimetersorgen

Anna und Berta waren gleich alt.
Anna war, für ihr Alter, um 20 Zentimeter zu groß.
Worunter sie sehr litt.
Berta war, für ihr Alter, um 20 Zentimeter zu klein.
Worunter sie sehr litt.
Anna und Berta schlossen Freundschaft miteinander,
und alle anderen meinten: »Die zwei passen ja ganz unmöglich zusammen!«
Die zwei paßten aber sehr gut zusammen.
Weil geteiltes Leid halbes Leid ist.
Und weil jede, für sich allein, ein 20-Zentimeter-Leid hatte,
wurde daraus, wenn sie zusammen waren, ein 10-Zentimeter-Leid.
Auch wenn alle anderen bloß den 40-Zentimeter-Unterschied sahen.

8.8.

Fliegen

Am Fliegen
ist das Starten
das schönste.
Der Augenblick,
wo der Flieger
vom Boden abhebt!
Da glaube ich
dann immer,
daß ich es selber bin,
der fliegen kann,
und fühle mich
sehr glücklich.
Aber meine Mutter,
die neben mir sitzt,
wird dann ganz bleich
im Gesicht,
bekommt Schwitzhände
und kotzt in die
von der Fluglinie
dafür bereitgestellte
Tüte.

Wieviel Kerosin nötig ist,
um mich glücklich
und meine Mutter kreuzelend
zu machen,
weiß ich nicht.

9.8.

Die Katze fraß den Saumagen,
nun kann sie nicht mehr Mau *sagen!*

10.8.

Träume

Das Kind träumt:
Es läuft in den Park, die Sonne scheint. Auf dem Spielplatz, auf den Wippschaukeln, sitzen der Alex und die Andrea. Das Kind geht zur Wippschaukel hin.
»Bäh!« machen der Alex und die Andrea und strecken dem Kind die Zunge raus. Der Michi kommt dazu und sagt: »Wir spielen nicht mehr mit dir!«
»Weil du geizig bist«, sagt der Alex.
»Nie gibst du uns etwas von deinen Bonbons ab!« sagt die Andrea. Dann springen die Andrea und der Alex von der Wippschaukel und laufen mit dem Michi davon. Und das Kind steht ganz einsam da und ist traurig.

Das Kind wacht auf:
Es läuft in den Park, die Sonne scheint. Auf dem Spielplatz, auf den Wippschaukeln, sitzen der Alex und die Andrea. Das Kind geht zu den Wippschaukeln hin. Der Alex und die Andrea winken ihm zu. Der Michi kommt gelaufen und fragt das Kind: »Hast du Bonbons mit?«
Das Kind greift in die Hosentasche und holt eine Tüte Bonbons heraus.
»Toll! Nougat!« sagt der Alex.
»Meine Lieblingssorte«, sagt die Andrea. Der Michi nimmt dem Kind die Bonbontüte aus der Hand, der Alex und die Andrea springen von der Wippschaukel, und dann laufen sie alle drei weg. Und das Kind steht ganz einsam da und ist traurig.

11.8.

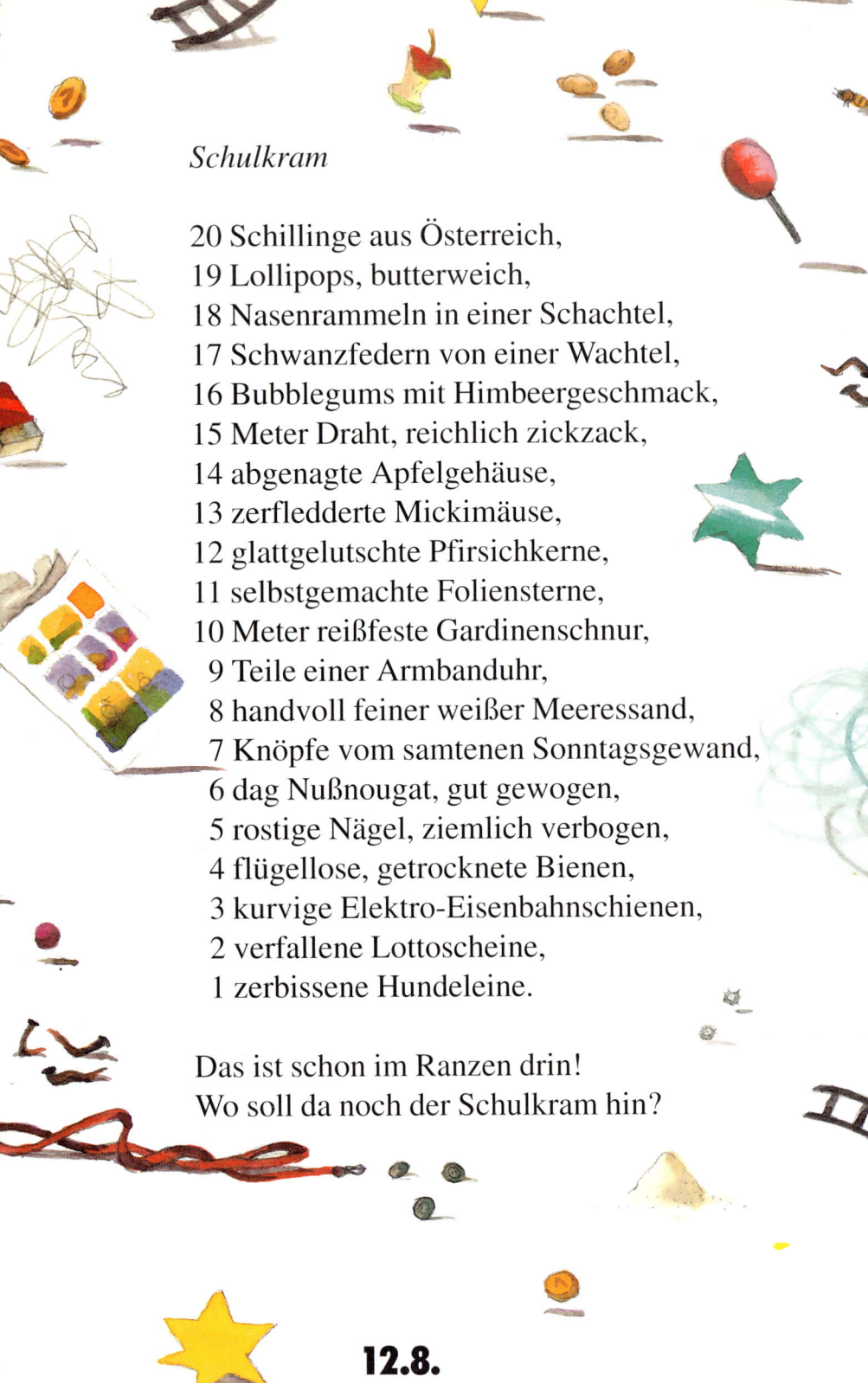

Schulkram

20 Schillinge aus Österreich,
19 Lollipops, butterweich,
18 Nasenrammeln in einer Schachtel,
17 Schwanzfedern von einer Wachtel,
16 Bubblegums mit Himbeergeschmack,
15 Meter Draht, reichlich zickzack,
14 abgenagte Apfelgehäuse,
13 zerfledderte Mickimäuse,
12 glattgelutschte Pfirsichkerne,
11 selbstgemachte Foliensterne,
10 Meter reißfeste Gardinenschnur,
 9 Teile einer Armbanduhr,
 8 handvoll feiner weißer Meeressand,
 7 Knöpfe vom samtenen Sonntagsgewand,
 6 dag Nußnougat, gut gewogen,
 5 rostige Nägel, ziemlich verbogen,
 4 flügellose, getrocknete Bienen,
 3 kurvige Elektro-Eisenbahnschienen,
 2 verfallene Lottoscheine,
 1 zerbissene Hundeleine.

Das ist schon im Ranzen drin!
Wo soll da noch der Schulkram hin?

12.8.

Aus dem Tagebuch des Anton M., aufgefunden bei der endgültigen Räumung der Wohnung der Anna M., in Kleinfrasdorf:

13.8.

Endlich wieder daheim und beim Karl! Mein Eltern schlafen! Die sind erschöpft. Ohne eine Pause zu machen, sind wir von Griechenland heimgefahren. Achtzehn Stunden lang! Meine Mutter und mein Vater haben sich am Steuer abgewechselt. Und ich habe fest damit gerechnet, daß wir einen Riesenunfall bauen, weil sie unentwegt gestritten haben, und zum Streiten brauchen sie die Hände! Da gestikulieren sie wie wild! Ich war schon froh, wenn sie wenigstens eine Hand am Lenkrad gehabt haben.

Gemeinsamen Urlaub halten sie eben überhaupt nicht aus. Ich glaube, jetzt kommt die Scheidung bald. Der Karl meint, ich werde meiner Mutter zugesprochen und mein Vater wird dagegen nicht protestieren, weil er mich ohnehin lieber bloß alle vierzehn Tage einmal besucht, als mich tagtäglich großzuziehen.

Ich möchte am liebsten zur Oma ziehen. Der Karl meint, das wird meine Mutter nicht zulassen. Könnte sein, daß er recht hat. Meine Mutter hat die Oma noch nie leiden können.

Der Karl schweigt sich über seinen Urlaub ziemlich aus. Bloß »War ein totaler Reinfall« hat er gesagt. Braungebrannt ist er auch nicht. Vielleicht ist er in eine Serie über die Antarktis geraten!

13.8.

Ich schiele

Ich schiele.
Das macht den anderen Spaß.
Manchmal klebt mir der Arzt ein Heftpflaster über das linke Brillenglas.
Das mögen die Kinder in meiner Klasse besonders gern.
Dann lachen sie besonders laut.
Und am lautesten lacht der Karli.
Der lacht dann so viel und so laut, daß die anderen gar nicht merken, daß er noch viel mehr schielt als ich.

14.8.

Aus dem Schulbuch ELTERN IN ALLER WELT,
zugelassen für das Unterrichtsfach ELTERNLEHRE,
5. und 6. Schulstufe:

Eltern können genauso eifersüchtig sein wie Kinder! Schwärme nie von anderer Kinder Eltern! Unterlasse Aussagen wie:
Der Michi hat eine wunderschöne Mutter!
Der Papa vom Fritz ist ein irrer Typ mit zwei Doktoraten!
Die Mutter der Evi macht den besten Schokokuchen der Welt!
Der Papa der Lore ist so lustig, daß man sich dauernd zerkugeln muß!
Sollte dir einmal so ein Satz entschlüpft sein, füge hurtig hinzu:
  aber sie schimpft immer!
  aber er kommt immer erst um Mitternacht heim!
  aber sie ist elefantendick!
  aber er verdient ganz wenig Geld!

Merke:
Sagt Papa oder Mama zu dir: »Dann zieh doch hin zu dem (oder: zu der)!«,
bist du mit beiden Füßen in den Fettnapf getreten!

15.8.

Das Gespenst

Es war einmal ein kleiner Michi, der wollte unbedingt eine Pistole haben. Aber er bekam keine! »Nur böse Kinder schießen!« sagte seine Mama. »Pistolen sind zum Totschießen und kein Spielzeug!« sagte sein Papa. Und die Oma sagte: »Waffen sind für den Krieg, und Krieg ist pfui!«
Einmal spielte Michi im Hof. Mit seinem Stofftiger. Da kam die Hausmeisterin und ging zu den Mülltonnen. »Solche Dreckerten«, sagte sie zum Michi. »Können ihren Dreck nicht einmal in die Tonnen reinstopfen!« Weil dem Michi ohnehin langweilig war, half er der Hausmeisterin beim Dreckwegputzen. Er hielt die Schaufel, und die Hausmeisterin kehrte Mist drauf. Wenn die Schaufel voll war, leerte sie der Michi in eine Mülltonne. Fast der ganze verstreute Abfall war schon weggeputzt, da rief die Hausmeisterin: »Schau, was da ist!« Sie bückte sich und hob eine Pistole auf. Eine wunderschöne! Hinten aus braunem Holz, vorne aus schwarzem Metall. Nagelneu schaute die Pistole aus.
»Jetzt hast du eine Belohnung fürs Helfen«, sagte die Hausmeisterin.
»Ich darf keine Pistole haben«, sagte der Michi. »Weil nur böse Kinder schießen und Waffen kein Spielzeug sind und für den Krieg gehören und der Krieg pfui ist!«
»Na ja«, sagte die Hausmeisterin.
»Dabei würd' ich dringend eine brauchen«, sagte der Michi. »Jede Nacht kommt nämlich ein Gespenst zu mir. Das tanzt um mein Bett herum und läßt sich nicht vertreiben. Es hat nur vor Pistolen Angst!«
»Das werden wir gleich haben«, sagte die Hausmeisterin. »Komm rein zu mir! Und nimm deinen Stofftiger mit!« Der Michi ging mit der Hausmeisterin in die Hausmeisterwohnung. Die Hausmeisterin nahm den Stofftiger, trennte ihm die Bauchnaht auf, holte eine Menge Schaumstoffflocken aus dem Tigerbauch und steckte die Pistole in das Bauchloch. Dann nähte sie die Bauchnaht wieder zu.
Seither schläft der Michi immer mit dem Stofftiger im Arm. Und wenn das Gespenst in der Nacht ins Zimmer kommt und den Michi aufweckt, dann hält der Michi dem Gespenst den Stofftiger hin. Kreischend rennt das Gespenst dann davon. Gestern ist das Gespenst sogar vor lauter Schreck zum Fenster hinausgesprungen. Hinterher hat der Michi ein schreckliches Stöhnen gehört. Wahrscheinlich hat sich das Gespenst ein Bein gebrochen und muß jetzt einen Beingips bekommen. Da wird es sicher ein paar Wochen lang daheim bleiben müssen. Vielleicht hat es nach den sechs Wochen dann vergessen, daß es einen kleinen Michi gibt.

16.8.

Lieber Kleiner Bruder,
ich schenke Dir

① Meine alten Legosteine
② alle meine Bilderbücher
③ mein James Dean Poster
④ täglich einen Bubble Gum
⑤ meine schwesterliche Liebe,

wenn Du mich ...

① nicht immer "Pickel Suse" nennst
② nicht dauernd bei Mama verpetzt
③ mit dem großen Bruder Deines
   Freundes Jim bekannt machst
④ im Badezimmer nie mehr störst
⑤ in Dein Abendgebet einschließt.

Deine große
Schwester

17.8.

Haustierärger

Es war einmal ein guter Vater,
dessen Haustier war ein Kater.
Der war garantiert nicht krank,
lag aber immer auf der Ofenbank.
Der Vater rief: »Raus-raus-raus!
Fang Mäuse im Garten vorm Haus!«
Der Kater sprach: »Ich bin im Tierschutzverein!
Ist mir unmöglich, ein elender Mörder zu sein!«

18.8.

Was wäre wenn …

…Kinder das gleiche Recht auf Liebe hätten wie die Erwachsenen?

…dann würden viele Kinder nicht bloß für ein paar Stunden, sondern rund um die Uhr zu zweit leben wollen. Ganz so wie verheiratet!

…aber weil Kinder genauso streitsüchtig sind wie Erwachsene, würden sie oft ebenso schlecht miteinander auskommen. Und genauso wie die Erwachsenen könnten sie sich nicht friedlich voneinander trennen.

…und dann müßte es einen Kinder-Scheidungsrichter geben! Einen, der bestimmt, wer an der Trennung die Schuld hat und wer unschuldig ist! Und wie alle Sachen geteilt werden! Die Mickimaushefte und die Murmeln, die Kaugummi-Vorräte und die T-Shirts. Und alles, was so zusammenkommt, wenn man eine Zeitlang miteinander lebt.

…und zur Kinderscheidung würde man aufs Gericht geladen werden. Zweimal Versöhnungstermin, einmal Verhandlung und hinterher Klärung des Unterhaltes!

…und wenn ich daran denke, daß ich dann vielleicht der Evi, laut Urteilsspruch, bis zum Datum ihrer Großjährigkeit dreißig Prozent von meinem Taschengeld abgeben müßte.

…dann verzichte ich freiwillig auf mein Recht auf Liebe!

19.8.

Pausenbrot

Wenn der dünne Franz sein Pausenbrot nicht aufißt, sondern in der Schultasche vergammeln läßt, und seine Mutter das sieht, dann sagt sie: »Schäm dich! In Afrika verhungern die Kinder!« Wenn der dicke Franz unbedingt ein viertes Pausenbrot in die Schule mitnehmen will, dann sagt seine Mutter: »Schäm dich! In Afrika verhungern die Kinder!«

Der dünne Franz und der dicke Franz nehmen sich das sehr zu Herzen und schämen sich gar arg. Tapfer würgt der dünne Franz nun sein Pausenbrot hinunter, tapfer versagt sich der dicke Franz ein viertes Pausenbrot.

Aber deswegen wird in Afrika kein Kind vor dem Verhungern gerettet.

20.8.

Einer aus Murnau ging auf Weltreise

In **M**urnau
war der Himmel blau.
In **W**ien
keine Sonne mehr schien.
In **A**msterdam
böser Sturm aufkam.
In **L**issabon
regnete es schon.
In **A**then
wollte der Smog nicht vergehn.
In **L** iverpool
war es scheußlich cool.
In **T** okio
war's Wetter mal so, mal so.
In **S**anta Fé
fiel pausenlos Schnee.
In **L** ima
war Katastrophen-Klima.
In **S** ingapur
nieselte es tagelang nur.
In **A**bidjan
sah man ein Gewitter nahn.
In **T** urin
wollten die Wolken nicht abziehn.
In **Z** ürich-Kloten
prasselten Hagelschoten.
In **E** isenstadt
hatte er die Witterung satt,
fuhr heim nach **M**urnau,
und der Himmel war wieder blau.

21.8.

Aus dem Tagebuch des Anton M., aufgefunden bei der endgül-
tigen Räumung der Wohnung der Anna M., in Kleinfrasdorf:

22.8.

Habe mit dem Karl über Witze gere- det. Habe ihm erzählt, daß alle Kinder bei mir in der Klasse dauernd Witze erzählen, und daß ich nie einen erzäh- len kann, weil ich keinen guten Witz weiß. Da hat er gesagt, er muß irgend- wo ein Witze-Buch haben. Und er wird mir ein paar Witze vorlesen. »Wo habe ich das Buch bloß hinge- tan?« hat er gesagt. Und dann ist er aufgestanden. »Ach ja, das habe ich mit allerhand alten Kram auf den Dachboden rauf«, hat er gemurmelt. Und dann ist er aus dem Zimmer raus. Wie er die Zimmertür aufgemacht hat, habe ich wie ein Luchs aufgepaßt! Aber ich habe gar nichts gesehen, außer viel Blaugrau vor der Zimmertür. Ganz so, als ob der Karl in dicken Nebel hineingegangen wäre! Und wie die Tür dann wieder aufgegangen und der Karl zurückgekommen ist, war es ge- nauso. Nichts als blaugrauer Nebel! Und Witze hat er mir auch keine vor- gelesen. Weil in dem Buch bloß lauter sehr ordinäre dringestanden sind. Ich habe dem Karl gesagt, daß die Kinder in meiner Klasse gern so ordinäre Witze hören würden, aber der Karl wollte trotzdem nicht.

22.8.

Hast du Probleme mit Freunden?
Findest du keine?
Fällt dir der Anschluß oft schwer?
Da hilft nur eines:
KONTAKT LINSEN!
KONTAKT LINSEN schaffen Beziehungen!

23.8.

Jungfrau (24.8.–23.9.)

Jungfrauen gibt's unter Mädchen und Knaben,
und ganz gleich, welche Fehler sie haben,
sind sie im Grunde makellos rein,
sogar mit verdrecktem Hals, Bauch oder Bein.

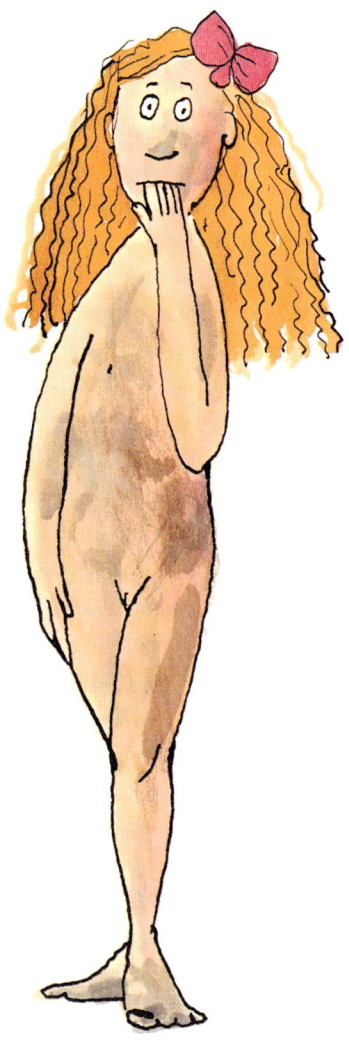

24.8.

Kalorien-ABC

APFELKOMPOTT und
BANANENCREM

eß ich nicht, die laß ich stehn!

        Vor   DORSCH in Zitron lauf ich davon.
ERDÄPFELSCHMARRN und
FORELLENFLEISCH

sind noch grauslicher als GANSL mit Reis.

            HERZRAGOUT,
IRISH STEW,
und   JUNGES SCHWEIN

bringt in mich keiner rein!

        Mit   KALB
und   LEBER
und   MAKRONEN

soll man mich total verschonen!

        Vor   NUDELN und
OBERS und
PUDDING mit Haut

einer wie mir ganz besonders graut.

            QUARGELN,
ROTE RÜBEN und
SAUMAGEN

kann ich einfach nicht vertragen.

            TIROLER GRÖSTL,
UNGARISCHES PÖRKELT,
VERLORENES EI

hasse ich noch mehr als WEIZENGRIESSBREI.
Und erblicke ich YOGHURT mit
ZITRON in einem Topf,

krieg ich vor Abscheu   einen Kropf!

25.8.

Es spricht der Psychologe:

Das Kuscheltier ist eine Droge,
der viele Kinder verfallen,
und die Süchtigsten von allen
brauchen ihr Vieh rund um die Uhr,
und die einzige Entziehungskur,
so höre ich meine Kollegen tuscheln,
ist: reichlich mit Menschen kuscheln!

26.8.

Abendgebet

Erzengel Michael,
Du mit dem Flammenschwert,
mein Religionslehrer
hat mich gelehrt,
daß Du in der Lage wärst,
Wünsche zu erfüllen!
Darf ich Dir also
unumwunden enthüllen,
daß ich tausend große
und siebzehn kleine habe!

Drum schenk mir doch gleich
die schöne Gabe,
mir meine Wünsche
selber erfüllen zu können.
Dann kannst Du Dir
Deine wohlverdiente Ruhe gönnen!
Dir macht es doch ohnehin
keinen Spaß, herumzulaufen,
um tausend und siebzehn
idiotischen Plunder zu kaufen.

27.8.

Gleichberechtigung

Revolver,
Kanonen,
Gewehre,
Säbel,
Pistolen
und Speere,
die wünscht
sich
jeder Knabe
als nette
Weihnachtsgabe.
Weil
Mäderln
gleichberechtigt
sind,
schenken wir
dem
weiblichen Kind:
ein
niedlich kleines
Militär-Lazarett,
mit schönem
reinweißen
Krankenbett,
mit Blutkonserven
und Knochensäge
aus Stahl.
Und Veronal!
Zur Linderung
der Krieger Qual.

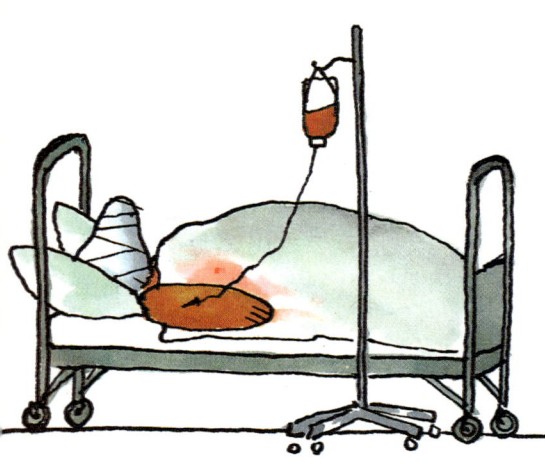

28.8.

Haustierärger

Es war einmal eine geizige Tante,
deren Haustier war eine Verwandte.
Die war immer brav und nett
und schlief unter der Tante Bett.
Ohne Murren fegte sie die Zimmer.
Pfiff man nach ihr, kam sie immer.
Aber wurde sie Gassi geführt, an der ledernen Leine,
pinkelte sie mit Vorliebe an männliche Hosenbeine!

29.8.

30.8.

XY weiß alles!

Werter **XY,**
was meint das Sprichwort »Wer im Glashaus sitzt, soll nicht mit
Steinen werfen«?

Ihr
Dr. Dr. Stummvoll

Lieber Dr. Dr. Stummvoll,
auch dieses Sprichwort wurde, wie so vieles, im Laufe der Jahrhunderte total verballhornt. Richtig muß es heißen: Wer im Gasthaus sitzt, soll
nicht mit Steinen werfen. Und wenn Sie das nicht von selbst erkennen,
warum man dort nicht mit Steinen werfen soll, dann geben Sie Ihre
zwei Doktorate zurück.

Beste Grüße
Ihr **XY**

31.8.

Im September
werden die Kinder blaß,
denn der Schulanfang
verdirbt jeden Spaß.

Alte Schülerregel

1.9.

Poesiealbumspruch für Eltern

Es gibt keine Möglichkeit
für **Euch,**
den Krieg gegen **Uns** zu gewinnen.
Wir haben mehr Zeit und mehr Kraft.
Und selbst dann,
wenn **Ihr** einmal eine Schlacht gewinnt,
können **Wir** in fürchterlicher Rache
zurückschlagen.
Wir halten alle Waffen in der Hand.
Wenn man **Uns** genügend reizt,
können **Wir**

Gestrichen und behördlich verboten wegen Verhetzung des naiven Teils der Jugend.

Jedenfalls und zumindestens zu Tode
grämen könnt **Ihr** euch wegen **Uns!**

2.9.

Ohne Liebe

»Mich liebt kein Schwein«,
klagt Herr Adam Klein.

Warum sollen ihn die Schweine
auch lieben?
Pro Jahr frißt er von ihnen sieben!

3.9.

Letzte Warnung!

Werte Erwachsene,
die Maikäfer und die Frösche habt ihr umgebracht,
die Libellen und die Schlangen habt ihr totgemacht.
Um jedes Stückchen Wiese legt ihr einen Zaun,
jedes verwilderte Grundstück müßt ihr verbaun.
Die Eidechsen und die Fischotter sterben aus,
keine Maus, kein Wiesel, keine Ratte, keine Laus
dürfte, wenn es nach euch geht, überleben.
Nur Beton, Stahl und Plastik soll es geben!
Die Luft ist voll Blei, die Wolken sind giftig,
die Vögel verrecken, euch ist das nicht wichtig.
Der Regen ist sauer, im Bach schwimmt Chemie,
die Falter krepieren, so schlimm war's noch nie!
Und ihr seufzt bloß: Es ist alles sehr schwierig!
Ist es aber nicht! Ihr seid bloß unheimlich gierig!
Und hört ihr nicht auf, euch gegen das Leben zu versündigen,
so müssen wir euch leider demnächst entmündigen!

Eure Kinder

4.9.

Liebe Mutter,

Deine Absicht, Dir ein zweites Kind zuzulegen, solltest Du besser mit mir als mit meinem Vater besprechen, denn schließlich ginge das ja auf meinem Buckel aus.

Ganz ehrlich! Was Ihr zu bieten habt, sowohl was menschliche Zuwendung als auch irdische Güter betrifft, ließe sich kaum durch zwei teilen ohne ein saumäßiges Leben zu haben.

Dein

hoffentlich auf ewig

einziger

Sohn.

5.9.

Inseratenteil

Zwischen der Endstelle der Straßen-
bahnlinie 2 und dem Schwimmbad
ist mir vergangenen Sonntag mein
Ehrgeiz entlaufen. Der ehrliche Fin-
der wird gebeten, ihn zu behalten
und ihn, wenn möglich, mit gutem
Notendurchschnitt zu füttern!

6.9.

Allerliebstes Hündchen

Januar: Allerliebstes Hündchen heimgebracht,
             Über seine Tolpatschigkeit gelacht!

Februar: Hündchen schaut so treu!
             Ach, wie ich mich freu!

März: Hündchen ist so weich und possierlich.
             Sicher wird's auch bald manierlich!

April: Dauernd Lackerln aufgewischt
             und viel Chappi aufgetischt.

Mai: Größer und größer wird der Kerl.
             Folgt überhaupt nicht dem Herrl.

Juni: Hat mitten auf den Teppich geschissen
             und meine beste Unterhose zerrissen.

Juli: Das Biest läßt mir keine Ruhe
             und verschleppt mir meine Schuhe!

August: Muß dauernd mit ihm schimpfen.
             Wäre an der Zeit, ihn zu impfen!

September: Bellt dauernd irre und toll,
             kotzte mir das Auto voll!

Oktober: Das Vieh ins Tierasyl gebracht,
             hat mich irgendwie traurig gemacht!

7.9.

FAMILY-SECOND-HAND

Die 1 A – Geschwistertauschzentrale mit dem guten Ruf!
Zwei alte Brüder gegen eine fast neue Schwester!
Drei zu kleine Schwestern gegen einen Bruder in Übergröße!
Family-Second-Hand übernimmt auch Kommissionsware zur Adoptionsannahme!

8.9.

Treten sie in Rinderkot,
sehen alle Kinder rot.

9.9.

Wohin mit dem *Zeitgeist* vom vorigen Jahr?

Zeitgeist gehört nicht in die Restmülltonne!
Zeitgeist ist Sondermüll, der entsorgt werden
muß!
Die Sondermüll-Deponie Juppie & Co bietet
Hausabholung und Zehn-Saison-Abos zu
coolen Preisen.

Wir machen auch totale *Zeitgeist*-Entrümpe-
lungen.
Anruf genügt, und Ihr Hirn ist besenrein!

10.9.

Über die Sterne

Wenn auf unserer Hälfte der Welt Tag ist, ist auf der anderen
Hälfte der Welt Nacht. Wenn auf der einen Hälfte der Morgen
dämmert, dämmert auf der anderen Hälfte der Abend. Und die
Sterne müssen sich dann sehr beeilen, von der Morgendämme-
rung zur Abenddämmerung rüberzukommen. Sie setzen sich auf
schnelle Wolken und lassen sich mit denen treiben. Aber oft sind
die Wolken dann doch nicht schnell genug. Oder sie ziehen in
eine falsche Richtung. Und die Sterne kommen nicht rechtzeitig
an. Die Menschen sagen dann: »Der Himmel ist bedeckt!« Weil
sie es halt nicht besser wissen. Manchmal fällt auch ein Stern
von einer Wolke herunter. Das nennt man dann »Sternschnuppe«.

11.9.

Alternatives Stoßgebet

Zitronenmelisse und Löwenzahntee,
mir tut ein Backenzahn so weh!
Majoranöl und Baldrian,
ich sollt zum Doktor mit dem Zahn!
Bei allen linden Kamillenblüten,
davor werde ich mich hüten!
Mutterkraut und Rosmarin,
der würde mir den Zahn doch ziehn!
Brennesselsud und Beinwellsaft,
Natur, gib mir zum Leiden Kraft!

12.9.

Rechenaufgaben unter Tränen

Du hast mir einen Brief geschrieben.

Der hat mich traurig gemacht.

Willst mich nicht wiedersehn!

Es liegt dir nichts mehr an mir!

O.K., ich gebe dich frei!

Aber Glück wünsch ich dir keins!

13.9.

Haustierärger

Es war einmal eine arme Mama,
deren Haustier war ein Lama.
Das spuckte immer ins Essen,
und niemand kann echt ermessen,
wie zornig die Mama das machte.
Wenn das Lama dann noch lachte,
schlug die Mama feste mit dem Fleischhammer zu,
und das Lama weinte: »Ich will heim, nach Peru!«

14.9.

Aus dem Tagebuch des Anton M., aufgefunden bei der endgültigen Räumung der Wohnung der Anna M., in Kleinfrasdorf:

15.9.

In der Schule ist es jetzt besser als im vorigen Schuljahr. Der Xandi sitzt neben mir. Er redet auch in den Pausen mit mir. Dadurch redet auch der Berti, der mit dem Xandi gut ist, mit mir. Aber zu seiner Geburtstagsparty, nächsten Sonntag, hat mich der Xandi doch nicht eingeladen.

Der Karl meint, ich soll das locker nehmen und nicht so ungeduldig sein. Freundschaften bauen sich langsam auf!

Das mag ja stimmen, aber wir haben heuer einen Neuen in der Klasse. Renee heißt er. Den hat der Xandi zu seiner Geburtstagsparty eingeladen. Und den kennt er doch viel kürzer als mich!

Der Karl behauptet, es gibt »schnelle« Freundschaften, aber die seien meistens nur »Strohfeuer«. Und es gibt »langsame« Freundschaften, und die halten dann eisern! Und das mit dem Renee ist so ein Strohfeuer. Und mit mir wird das sicher eine eiserne Freundschaft!

Der Karl glaubt das wirklich. Er will mich nicht bloß trösten. Aber er irrt sich!

15.9.

Mir
geht dein Geruch
nicht
aus der Nase
und deine Stimme
nicht
aus dem Ohr.
Ich spüre
deine Haut
noch immer
unter meinen Fingern
und
schmecke sie
auf den Lippen.
Ganz deutlich
hab ich dich vor Augen.
Und wenn du nicht
schnell zurückkommst
zu mir, habe ich
nicht nur
meine fünf Sinne
nimmer echt beieinand',
sondern
komme
auch noch
um den Verstand.

16.9.

17.9.

Lieber Vater,

bitte lege mir morgen, bevor Du zur Arbeit gehst, ein halbwegs neues Foto von Dir irgendwohin. Habe heute irrtümlich einen wildfremden Mann auf der Straße angesprochen, weil ich ihn für Dich hielt.

Wollte daher auf Dich warten, um Dich zu besichtigen. Ist aber schon Mitternacht, und ich brauche meinen Schlaf.

Dein Sohn

18.9.

Vergleiche

Die ITALIENER tun katholisch, sind aber verschlagen
und haben ein viel zu lautes Betragen.
Die ZIGEUNER stehlen die Wäsche und die kleinen Kinder
und verhexen Omas, Hühner und Rinder.
Die JUDEN herrschen – sehr geheim – über die ganze Welt
und bescheißern uns ums redliche Geld.
Die TÜRKEN stinken nach Hammel und sind Knoblauchfresser
und benutzen beim Streit scharfe Messer.
Die SCHWARZEN sind faul und leben bloß in den Tag hinein,
und ihr Gehirn ist schrecklich klein.
Wie wir DEUTSCHE so sind, müßte man   die ITALIENER
                                      die ZIGEUNER
                                      die JUDEN
                                      die TÜRKEN
                              und die SCHWARZEN
                                           fragen,
aber die sind zu höflich, um uns die bittere Wahrheit zu sagen.

19.9.

Alltagszauber

20.9.

Abendgebet

Lieber Gott, so mache doch
das verdammte, blöde Loch
in der Ozonschicht oben zu!

Für so einen wie Du
wär das eine Kleinigkeit!

Oder hast Du keine Zeit?

Erschaffst Dir gerade eine neue Welt,
die Dir besser als die uns're gefällt?

21.9.

22.9.

Liebe kleine Schwester,

da unsere Eltern leider nicht
genug Geld haben, um eine größere
Wohnung zu mieten, werde ich
wohl, bis ich endlich erwachsen
bin und wegziehen kann, mit Dir
ein Zimmer teilen müssen.
Aber ich warne Dich!
Überschreite nie mehr den Kreidestrich, den ich durch das Zimmer
gezogen habe. Und beschwere Dich
bloß nicht darüber, daß der
Kreidestrich nicht durch die
Zimmermitte geht. Ich bin 14 Jahre
alt, Du bist 7 Jahre alt. Wenn Du
kleiner Trottel schon ordentlich
rechnen könntest, würdest Du
einsehen, daß 14 zu 7 gleich
2 zu 1 ist, mir daher 2/3 oder
66,6666666666666666 Prozent des
Raumes zustehen.

Deine große Schwester

23.9.

Waage *(24.9.–23.10.)*

Die *Waage* ist ruhig und still,
immer auf Frieden bedacht,
und alles, was sie so will,
ist, daß keiner Ärger macht.

24.9.

Aus dem Tagebuch des Anton M., aufgefunden bei der endgültigen Räumung der Wohnung der Anna M., in Kleinfrasdorf:

25.9.

In der Schule ist ein Unglück passiert. Ich bin auf die Klomuschel gestiegen, weil ich ins Nachbarklo auf den Edi spucken wollte. Der Xandi hat dabei unbedingt zuschauen wollen und ist zu mir auf die Klomuschel rauf. Und der Berti ist hinterher, obwohl da kein Platz mehr war. Und da ist die Klomuschel in zwei Teile zerbrochen, und der Berti hat sich an der scharfen Kante von dem einen Muschelscherben die Wade aufgeschnitten.

Unheimlich geblutet hat das!

Warum gerade ich an allem schuld sein soll, ist mir ein Rätsel. Aber unser Klassenvorstand sieht das so und hat zu mir gesagt, mein Vater muß morgen in die Schule kommen.

Mein Vater kann Schulen nicht leiden. Bisher hat er immer meine Mutter hingeschickt, wenn Sprechtag war. Ich weiß genau: Wenn mein Vater in die Schule geht und sich vom Klassenvorstand anjammern läßt, kriege ich hinterher Watschen von ihm. Und zwei Wochen Stubenarrest wahrscheinlich auch. Und Taschengeldsperre für einen Monat dazu!

Der Karl sagt, er läßt das nicht zu. Um es zu verhindern, muß er einen Entschluß fassen, der ihm nicht leichtfällt. Er hat mich ersucht, den Fernseher abzudrehen, damit er in aller Ruhe einen Entschluß fassen kann. Nach dem Nachtmahl, hat er gesagt, darf ich erst wieder den blauen Knopf drükken. Aber Nachtmahl gibt es heute keines. Meine Mutter liegt mit Kopfweh im Bett. Ich soll mir ein Butterbrot machen, hat sie gesagt.

Aber ich habe ohnehin keinen Hunger. Um sieben Uhr werde ich den blauen Knopf drücken. Da könnte das Nachtmahl schon vorüber sein!

25.9.

Aus dem Tagebuch des Anton M., aufgefunden bei der endgültigen Räumung der Wohnung der Anna M., in Kleinfrasdorf:

26.9.

Ich habe es nicht für möglich gehalten, doch es hat tatsächlich geklappt. Gestern, am Abend, hat mir der Karl erklärt, daß er in die Schule gehen und sich für meinen Vater ausgeben wird. Wenn es sein muß, kann der Karl nämlich aus dem TV herauskommen. Aber nur für ein paar Stunden. Die Luft tut ihm nicht gut. Da geht er ein, sowohl in der Länge als auch in der Breite.

»Punkt zehn bin ich in der Schule«, hat er heute in der Früh zu mir gesagt. Gleich als die zweite Pause angefangen hat, bin ich zum Lehrerzimmer hinunter. Ich muß gestehen, ich habe nicht echt geglaubt, daß der Karl kommt. Ich wollte dem Klassenvorstand sagen, daß mein Vater krank ist und erst nächste Woche kommen wird. Eigentlich hätte ich ihm auch die Wahrheit sagen können, nämlich daß ich meinem Vater gar nicht habe ausrichten können, daß er kommen soll, weil mein Vater gestern nicht nach Hause gekommen ist. Doch ich finde, solche Sachen gehen den Klassenvorstand nichts an.

Aber der Karl ist schon vor der Tür vom Lehrerzimmer gewesen, als ich die Treppe heruntergekommen bin. Den besten Anzug von meinem Vater hat er angehabt. Er hat mir zugezwinkert, dann ist er in das Lehrerzimmer hinein. Die ganze Pause ist er drinnen geblieben. Ich mußte dann in die Klasse zurück und konnte nicht warten, bis er wieder herauskommt. Aber daß er seine Sache gut gemacht hat, habe ich in der vierten Stunde gemerkt. Da hatten wir Englisch bei unserem Klassenvorstand, und er war unheimlich freundlich zu mir.

Gleich nachdem ich von der Schule heimgekommen bin, habe ich den Karl eingeschaltet. Er hat geschlafen, und er schläft jetzt immer noch. Wahrscheinlich muß er sich von der Luft erholen.

26.9.

Aus dem Tagebuch des Anton M., aufgefunden bei der endgültigen Räumung der Wohnung der Anna M., in Kleinfrasdorf:

27. 9.

Der Karl hat unserem Klassenvorstand 500 Schilling* für eine neue Klomuschel gegeben. Die 500 Schilling hat er aus dem Schreibtisch vom Papa genommen. Und der Papa beschuldigt die Mama jetzt, daß sie ihm das Geld gestohlen hat.

Ich habe dem Karl gesagt, daß er das nicht hätte tun dürfen. Er sagt, wenn er es nicht getan hätte, dann wäre eine Rechnung für eine neue Klomuschel von der Schule gekommen, und dann wäre die ganze Sache aufgeflogen. Da hat er wohl recht! Und außerdem weiß ich ganz genau, daß die Mama dem Papa schon oft Geld aus dem Schreibtisch oder aus der Brieftasche genommen hat. Ohne daß er es bemerkt hat! Wenn sie also einmal schuldlos verdächtigt wird, ist das eigentlich weiter nicht so schlimm.

* *500 Österr. Schillinge sind ungefähr 75 DM.*

27.9.

Irrtum

Erwachsene glauben,
daß kleine Kinder,
wenn sie sich die Hände vor die Augen halten,
glauben,
daß man sie nun nicht mehr sehen kann.
Und lachen
über soviel Unvernunft.
Das haben die kleinen Kinder
längst durchschaut.
Aber sie klären den Irrtum nicht auf.
Warum sollten sie auch die Erwachsenen,
die sie nicht sehen wollen,
noch unnötig kränken?

28.9.

Aus dem Schulbuch ELTERN IN ALLER WELT,
zugelassen für das Unterrichtsfach ELTERNLEHRE,
5. und 6. Schulstufe:

Eltern sind nicht nur Eltern, sie sind auch Kinder. Die Kinder ihrer Eltern, deiner Großeltern. Wie alle Kinder wollen sie, daß niemand auf der Welt von ihren Eltern mehr geliebt wird als sie!
Und dann bekommen ihre Eltern Enkel und schenken denen alle ihre Liebe!
Deine Mutter sieht zum Beispiel, wie du einen Teller zerschlägst, und hört deine Oma sagen: »Macht ja nix, Schnuckelchen!« Da fällt deiner Mutter ein, wie sie als Kind von deiner Oma ausgeschimpft wurde, wenn sie einen Teller zerschlagen hatte. Da können Eltern schon sauer werden!
Wunder wirkt hier, wenn du deiner Mutter hin und wieder erzählst: »Oma hat gesagt, du warst als Kind viel hübscher (lieber, klüger, braver, geschickter …) als ich!«

Merke:
Dies gilt natürlich nur für die Eltern von Vater oder Mutter. Nicht für Schwiegereltern. Deine Mutter hat sicher nichts dagegen, wenn dich die Mutter deines Vaters für klüger (braver, schöner, geschickter) hält als ihren Sohn!

29.9.

Erinnerungslücke

Der Hans faßte manchmal auch schlechte Vorsätze. Die fielen ihm am Abend im Bett ein. Knapp vor dem Einschlafen. Da dachte er dann: Morgen plündere ich das Sparschwein meiner Schwester. Die kann eh nicht zählen und merkt nicht, wenn was fehlt. Oder er nahm sich vor, morgen der Nachbarin das Schlüsselloch mit Alleskleber zu verschmieren. Weil sich die Nachbarin bei der Mutter über ihn beschwert hatte. Oder er beschloß, morgen der Mutter vorzuschwindeln, daß Freitag schulfrei sei. Weil für Freitag ein Deutsch-Diktat drohte.

Aber am nächsten Morgen hatte der Hans alle schlechten Vorsätze verschlafen. Bloß so ein komisches Gefühl hatte er im Kopf. Ein Ich-hab-was-vergessen-Gefühl. Den ganzen Tag ging ihm dieses Gefühl nicht aus dem Kopf. Er grübelte und grübelte, und es fiel ihm »Sparschwein« ein und »Nachbarin« und »Deutsch-Diktat«.

»Ach ja«, murmelte dann der Hans und steckte drei Münzen in das Sparschwein der Schwester, ging für die Nachbarin einkaufen und lernte die schwierigen Wörter fürs Deutsch-Diktat.

Hinterher seufzte er zufrieden und sagte sich: »Man fühlt sich wohl, wenn man erledigt hat, was man sich vorgenommen hat!«

30.9.

Er & sie

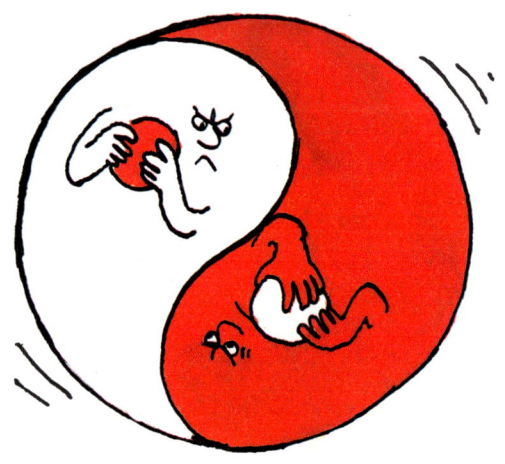

Mami, **er** frißt mir alle Erdbeeren weg!
Mami, **sie** schmeißt mit Dreck!
Papi, **er** hat in mein Rechenheft reingemalt!
Papi, **sie** hat ihr Eis mit meinem Geld bezahlt!
Omi, **er** will mich immer nur hauen!
Omi, **sie** will mit meinem Lego bauen!
Opa, **er** furzt mir das Zimmer voll!
Opa, **sie** lügt dauernd wie toll!
Tante, **er** reißt mich am Zopf!
Tante, **sie** spuckt mir auf den Kopf!
Onkel, **er** hat mir einen Wurm ins Bett getan!
Onkel, **sie** lacht über meinen Wackelzahn!

Mami, Papi, Oma, Opa, Tante und Onkel im Chor:
Aber in Wirklichkeit lieben sich die beiden sehr!

1.10.

2.10.

Ich wollte der Oma zum Namenstag eine Karte schreiben. Ich hatte schon eine gekauft, mit hundert roten Rosen vorne drauf und in Goldschrift *ALLES GUTE* unter den Rosen. Hinten drauf wollte ich schreiben: Zum Namenstag von Deinem Dich liebenden Enkel Anton!

Der Karl hat mir zugeschaut und mich gefragt, warum ich meiner Oma keinen Brief schreibe, da hätte sie doch mehr davon.

Zuerst habe ich gedacht, daß mir nichts zum Schreiben einfällt. Passiert ja nichts, was ich ihr erzählen könnte. Und daß meine Eltern jetzt so böse aufeinander sind, daß sie nicht einmal mehr streiten, sondern kein Wort mehr miteinander reden, das ist doch nichts, was man in einen Namenstagsbrief schreiben kann. Das würde die Oma bloß traurig machen. Aber wenn ich so nachdenke, fällt mir doch allerhand ein. Ich könnte schreiben, daß ich die Oma sehr gern habe. Und daß ich gern bei ihr wäre. Und daß es früher immer so schön war, wenn sie mir Märchen erzählt hat. Und daß ihr Apfelstrudel so gut geschmeckt hat.

O.K., ich mache mich an den Brief.

2.10.

Aus dem Schulbuch ELTERN IN ALLER WELT,
zugelassen für das Unterrichtsfach ELTERNLEHRE,
5. und 6. Schulstufe:

Eltern können auch die merkwürdigsten Krankheiten bekommen. Eine der merkwürdigsten Krankheiten, besonders bei geschiedenen Vätern anzutreffen, ist die sogenannte »frühzeitige Vaterschaftsverkalkung«.
Geschiedene Väter, die von dieser Krankheit befallen sind, vergessen wochen- und monatelang die festgesetzten Besuchstage, schicken auch zum Geburtstag und zu Weihnachten keine Geschenke.
Hier tut ständige, aufdringliche Erinnerung not!
Ein täglicher Anruf! Ein täglicher Brief, mit einem Foto des Kindes darin! Und wöchentliches, unangemeldetes Klingeln an der Wohnungstür des Vaters!
Steht der Vater dem Kind nämlich Leib zu Leib gegenüber, erinnert er sich wieder! Weiß sogar oft den Vornamen des Kindes!

Merke:
Gegen manche Erkrankungen helfen nur Roßkuren!

Tauscht untereinander eure Erfahrungen aus. Vielleicht kennt ein Mitschüler Tricks, um der »frühzeitigen Vaterschaftsverkalkung« auch noch auf andere Art beizukommen!

3.10.

Allwöchentliches

Schuhe drücken, sind voll Staub,
schlurfen durch das Raschellaub.
In der Jacke wird mir heiß,
nirgendwo gibt's Himbeereis!
Bleib nicht zurück! Renn nicht vor!
So sing doch mit, sing mit im Chor!
Pump dir die Lunge mit Sauerstoff voll!
Schau! Der Baum! Natur ist doch toll!
Was ziehst du so ein saures Gesicht?
Wie eine Alte mit Asthma und Gicht!
Kröten gibt's heuer auch keine mehr.
DA! Ein Vogelnest! Nur leider leer!
Paß auf, hier ist ein sumpfiger Graben.
Willst unbedingt dreckige Schuhe haben?

Jetzt fängt es gleich zu regnen an.
So eine Scheiße! O Mann, o Mann!
Ich glaube, wir sind vom Weg abgekommen.
Wieso hast du die Karte nicht mitgenommen?
Dann also halt und retour auf gut Glück!
Irgendwie finden wir schon zurück.

Sonntagsausflüge sind Familienpflicht,
aber lieben muß man sie nicht.

4.10.

Kleines Trostgedicht

Dem Vater – sehr schnell – auf der Bundesstraße aufzusagen

Ach, lieber Vater, glaube mir,
auch nach dem achtzehnten Bier
gelingt das Überholen dir!
Und gelingt's dir diesmal nicht,
weil vom Bier getrübt deine Sicht
und dieser Idioten-Wicht
absolut keine gute Einsicht zeigt,
nicht auf seine Bremse steigt,
sondern bockstur dazu neigt,
frontal auf uns draufzuprallen
und dir auf die Birne zu knallen,
werden wir halt himmelwärts wallen.
Dann haben wir keine Sorgen mehr
und bestaunen den Straßenverkehr
gelassen von der Ewigkeit her.

5.10.

Traurig ging ich in die Nacht...

... Fröhlich bin ich.. aufgewacht.

6.10.

schwänzt Du im
Oktober
die Schule mehere
Mahlen
wirst du das dieses
bald mit fielen
Fünfern
bezahlen.

7.10.

Wer träumend ertrinkt im Sorgenmeer,
begrüßt den neuen Morgen sehr.

8.10.

Betreffs Wiedergeburt

Falls ich schon einmal
auf der Welt gewesen sein sollte,
wär mir nicht klar,
was ich noch einmal da wollte.
Vielleicht war's nur ein dummes Versehen.
Dann könnte ich ja
gleich wieder gehen!
Aber das würde die Mama sehr kränken.
Drum will ich lieber gar nicht dran denken.

9.10.

Aus dem Tagebuch des Anton M., aufgefunden bei der endgültigen Räumung der Wohnung der Anna M., in Kleinfrasdorf:

10.10.

Die Oma ist zu Besuch gekommen. Weil sie Sehnsucht nach mir hatte. Mit der Bahn ist sie hergefahren. Drei Tage will sie bleiben. Meine Mutter ist ziemlich sauer darüber.

Die Oma wird bei mir im Zimmer schlafen. In meinem Bett. Und ich schlafe auf einer Luftmatratze vor dem Bett.

Es freut mich riesig, daß die Oma da ist. Aber wie soll das in diesen drei Tagen mit dem Karl gehen? So lange mag ich nicht auf ihn verzichten!

Der Karl möchte die Oma näher kennenlernen. Er meint, wenn sie wirklich so ist, wie ich sie ihm beschrieben habe, wird sie nichts gegen ihn haben. Versuchen könnte man es ja. Und weitersagen würde die Oma gewiß nichts. Sie hat bis jetzt noch jedes Geheimnis, das ich ihr anvertraut habe, für sich behalten.

Aber ob sie nicht der Herzschlag trifft, wenn sie den Karl sieht?

10.10.

Aus dem Tagebuch des Anton M., aufgefunden bei der endgültigen Räumung der Wohnung der Anna M., in Kleinfrasdorf:

11.10.

Die Oma hat den Karl hingenommen, als wär's ein Klacks.

»Na und?« hat sie gesagt. »Ich bin sowieso ein technischer Trottel! Für mich ist es ein Riesenwunder, daß man auf den Knopf drückt und daß dann überhaupt Bilder kommen! Ich wundere mich, daß man telefonieren kann, ich wundere mich, daß ich Radio hören kann, ich wundere mich, daß ein Flieger in die Luft hoch kommt, ich wundere mich, daß ein schweres Schiff nicht untergeht! Alles ist für mich ein Wunder! Warum soll ich mich gerade über das Karl-Wunder mehr wundern als über alle anderen Wunder?« Der Karl ist begeistert von der Oma. Die ganze Nacht über hat er mit ihr geredet. Sehr leise, natürlich, damit ich schlafen kann und damit es meine Eltern nicht hören.

Die Mama muß doch etwas gehört haben. Beim Frühstück hat sie zum Papa gesagt: »Deine Alte redet pausenlos im Schlaf! Eine Zumutung für das arme Kind!«

Da bin ich plötzlich ein armes Kind! Die Oma hat mir fest versprochen, daß ich bei ihr leben kann, wenn sich meine Eltern scheiden lassen. »Wie ein Löwe werde ich um dich kämpfen!« hat sie zu mir gesagt.

11.10.

Aus dem Schulbuch ELTERN IN ALLER WELT,
zugelassen für das Unterrichtsfach ELTERNLEHRE,
5. und 6. Schulstufe:

Wenn Kinder nicht tun, wie die Eltern wollen, greifen viele Eltern zur »Strafe«.
In letzter Zeit kommen die Prügel als Strafe immer mehr aus der Mode. Sie sind
in vielen Ländern sogar schon gesetzlich nicht mehr erlaubt!
An ihre Stelle sind die »Verbote« getreten. Verboten werden kann alles! Aus-
gehverbot, Fernsehverbot, Partyverbot, Taschengeldverbot, Süßwarenverbot,
Freundeverbot usw. ... Verboten wird immer das, was ein Kind besonders gern
tut.
Dagen hilft: Nimm alle Verbote so freudig an, als wären sie deine geheimen
Sehnsüchte! (Ach, ich bin ohnehin lieber daheim! Oh, endlich kein blödes
Fernsehen mehr! Partys sind sowieso das ödeste vom Öden! Mit Taschengeld
ist man ohnehin nur ein Konsumtrottel! Süßes schadet den Zähnen! Mein bester
Freund war eh ein Arschloch! usw. ...)
Halte durch, bis sämtliche Verbote verbraucht und deine Eltern ratlos sind.

Merke:
Kinder sitzen immer am langeren Ast! Sie haben mehr Kraft und mehr Aus-
dauer! Alles, was Eltern erreichen können, ist, daß sie sich krank und krumm
ärgern!

12.10.

PECH UND SCHWEFEL

Pech & Schwefel – das Geschwister-
schaumbad – beseitigt Familienzank und
Geschwisterhader im Waschlappenumdre-
hen!
Eine Handvoll **Pech & Schwefel** in die
gemeinsame Wanne – und das Familien-
glück strahlt wie nie zuvor!
Großfamilienpackungen von **Pech &
Schwefel** zum Sonderpreis!
Bitte Beipackzettel lesen!

13.10.

Einsicht

Eine winzige Ewigkeit und ein endloser Augenblick trafen einander auf einer Milchstraße. Sie verliebten sich auf den ersten Blick ineinander.

Die winzige Ewigkeit wurde vom endlosen Augenblick schwanger. Sie brachte zweieiige Zwillinge zur Milchstraße: Eine endlose Ewigkeit und einen winzigen Augenblick.

Oft betrachteten die winzige Ewigkeit und der endlose Augenblick ihre Zwillinge ganz traurig und sprachen dann zueinander: »Manchmal vermischen sich leider die außergewöhnlichsten Erbanlagen bloß zu alltäglichem Durchschnitt!«

14.10.

ANZEIGE 9

Pizza *MASSA CADUTA!*
Die delikate Pizza,
richtig beinhart gebacken,
ist nicht nur sehr schmackhaft,
sondern jederzeit auch als Selbstverteidigungswaffe einzusetzen.
Oder als Frisby-Scheibe!
MASSA CADUTA, die Allzweckpizza!

15.10.

Aus dem Tagebuch des Anton M., aufgefunden bei der endgültigen Räumung der Wohnung der Anna M., in Kleinfrasdorf:

16.10.

Die Oma ist wieder heimgefahren. Sie geht mir sehr ab. Aber ich bin froh, daß sie nicht mehr hier ist. Meine Eltern waren nicht lieb zu ihr. Der Papa auch nicht. Sie haben sie merken lassen, daß sie kein erwünschter Besuch ist.

Die Oma hat mir versichert, daß ihr das gleichgültig ist. Weil sie ja wegen mir gekommen ist. Weil sie sich so über meinen Brief gefreut hat.

Da hat der Karl also wieder einmal recht gehabt. Dabei hatte ich schon Angst gehabt, der Brief könnte kitschig gewesen sein. Und die Oma könnte über ihn sehr gelacht haben!

Der Karl sagt, ich verwechsle da gefühlvoll mit kitschig. Wenn die Gefühle nicht gelogen sind, können sie nicht kitschig sein. Und beim Fühlen, sagt er, kann man gar nicht lügen!

Na ja! Wie ich aber vergangenen Sommer zur Sissi gesagt habe, daß ich sie sehr lieb habe und ihre Augen wie Sterne funkeln, hat sie mich einen »Kitschonkel« genannt. Damals waren meine Gefühle aber genauso echt!

Der Karl linst mir beim Schreiben über die Schulter und sagt, daß Augen nicht wie Sterne funkeln können! Und daß ich das nicht gefühlt haben kann! Das habe ich wo gehört oder gelesen, meint er. Und deshalb ist es nicht echt!

16.10.

Krise

Meine geliebte Liese
steckt in einer Krise.

Sie hat ihre Zahnspange
nämlich noch nicht lange.

Findet sich mit ihr gräßlich
und zum Wegschauen häßlich.

Sagt, am liebsten wär sie tot,
und weint sich die Nase rot.

Hat vom vielen Heulen
unter den Augen Beulen.

Will mich auch gar nimmer küssen.
Meint, daß wir uns trennen müssen.

Weil es das garantiert nicht gibt,
daß man eine Zahnspange liebt.

Was soll ich denn bloß machen?
Versteh' nichts von diesen Sachen!

Weiß nur, wenn ich noch lange
wegen einer blöden Zahnspange

Zärtlichkeit, Schmuserei und Kuß
sowie alle Liebe entbehren muß,

komm ich in eine noch ärgere Krise
als meine geliebte Liese!

17.10.

Zum Ausprobieren

Wenn ich morgen am Morgen einfach liegenbliebe?
Was könnten sie tun?
Der Wecker klingelt und klingelt, und ich rühr mich nicht.
Sie kommen und rütteln an mir, und ich rühr mich nicht.
Sie schreien: Bist du krank oder faul?
Und ich rühr mich nicht.
Sie reißen meine Arme hoch und lassen mich los, und die Arme fallen herunter und baumeln sehr zart über den Bettkanten.
Den Mund hätte ich offen, aber reden würde ich nicht.
Die Augen hätte ich offen, aber schauen würde ich nicht.
Was könnten sie tun?
Wenn ich morgen am Morgen einfach liegenbliebe?

18.10.

Doppelt vergebens

Ein junges Meerschwein schwamm mutterseelenallein
über den großen, stürmischen Ozean.
Das »Buch der Rekorde« hatte es ihm angetan.
Wollte der erste schweinische Meerüberquerer sein!

Ersoff leider, knapp bevor Land in Sicht,
und erfuhr daher gottlob nicht,
daß es das neunte Meerschwein gewesen wäre,
welches geschafft hätt' den Weg über die Meere.

19.10.

Tomas

Fünf Jahre lang war die Bille die Freundin von Tomas. Und da der Tomas zehn Jahre alt ist, war das sein halbes Leben lang. Dann zog der Konrad ins Nachbarhaus der Bille. Der war auch zehn Jahre alt, und die Bille verliebte sich in ihn auf den ersten Blick! »Tut mir leid«, sagte sie zum Tomas. »Aber unsere Liebe ist jetzt aus!« Der Tomas war sehr traurig. Und die Traurigkeit hörte nicht auf. Und er nahm sich keine neue Freundin, obwohl er leicht zehn hätte haben können.

»Wie können wir dir denn bloß helfen?« fragten der Papa und die Mama. »Wie können wir dir denn bloß helfen?« fragten auch die große Schwester und der kleine Bruder.

Aber der Tomas wußte keine Antwort darauf.

Dann, eines Tages, nach vielen Wochen, rief die Bille an. Und sagte zum Tomas: »Die Liebe mit dem Konrad ist aus. Willst du wieder mein Freund sein?«

»Ich komme!« rief der Tomas und legte den Hörer wieder auf.

»Mit der Kuh würd ich kein Wort mehr reden!« sagte der kleine Bruder.

»Bist ja nicht ihr Hanswurst«, sagte die große Schwester.

»Wo sie dir so viel Kummer gemacht hat«, sagte die Mutter.

»Da hätt' ich meinen Stolz«, sagte der Vater.

Der Tomas zog seine Jacke an und seine Schuhe.

»Dir ist nicht zu helfen!« riefen der Papa, die Mama, die große Schwester und der kleine Bruder.

»Jetzt braucht mir ja auch niemand mehr zu helfen!« rief der Tomas und lief aus der Wohnung. Und dachte: Die sind vielleicht komisch! Wollen, daß ich ewig traurig bleibe!

20.10.

Abendgebet

Werter
Heiliger Geist,
der Du
immer alles weißt,
weißt Du
vielleicht auch,
warum's
auf Erden Brauch,
Kindern
angst zu machen
und
sie auszulachen,
sie
nicht ernst zu nehmen
und
– ohne sich zu schämen –
ihnen
das Leben zu versauen
und sie
dann noch zu verhauen?

Falls Du
eine Erklärung dafür hast,
mach bitte
in der Messe bei mir Rast.
Bin der kleine
Dicke in der dritten Bank
und vom vielen
Kopfzerbrechen schon ganz krank.

21.10.

Das glaubt dir keiner

22.10.

XY weiß alles!

Lieber **XY**,
meine Tante ist gestorben und hat mir eine große Kiste voll
Buchstaben hinterlassen. Es sind achtzig Kilo Kleinbuchstaben
und sieben Kilo Großbuchstaben. Zusammen eine geschätzte
Stückzahl von 180.000 Stück. Kann man daraus schon ein Buch
machen?

Dein Bertram

Lieber Bertram,
Du kannst. Die Anzahl reicht bei weitem. Paß aber auf, daß Du
in den ersten Kapiteln nicht allzu viele Selbstlaute verschleu-
derst, sonst tust D Dr gn nd schwr bm schrbm!

Dein **XY**

23.10.

Skorpion (24.10.–22.11.)

Skorpione sind sehr ehrlich,
aber auch ziemlich gefährlich.
Steht der Mars im zweiten Haus,
fahren sie die Stachel aus.
Piksen erbost bei jeder Gelegenheit,
aber dann kommt wieder sanftere Zeit.

24.10.

Bitte

Ich hab dir aus Ton etwas geknetet.
Mama hält's für eine Nonne, die betet.
Papa sagt: Das ist ein fettes Schwein!
Oma meint, ein Schiff könnte es sein.
Opa hält es für einen Richter im Talar.
Was es auch sein mag, eines ist klar:
In dem Ding steckt meine Liebe zu dir
und die Bitte: Sei doch netter zu mir!

25.10.

GEHT IN DECKUNG!

Gleich werd ich aller-   Gleich werd ich mit   Gleich werd ich
hand zerreißen.   Sachen schmeißen.   kratzen und beißen!

*Weiß selbst nicht, warum ich das plötzlich
will, aber schließlich war ich 10 Jahr lang
brav und still und hab folgsam getan, was
meine Mutter will.*

Hab mich geduckt,   hab nie aufgemuckt   und alles geschluckt!

Und jetzt platzt mir eben der Kragen.
Und jetzt kann ich's nicht länger ertragen.
Sonst krieg ich noch ein Geschwür
im Magen!

26.10.

Wo reichlich der Wein rieselt,
mein Papa gern rein wieselt.

27.10.

Herr NIEMAND wohnt in NIRGENDWO,
wird seines Lebens nimmer froh,
denn seine Kinder, NICHTS und NIE,
die haben zuviel Phantasie,
behaupten, obwohl er sie sehr liebt,
daß es ihn und sie gar nicht gibt.

28.10.

NORMALIN

Normalin – das hundertprozentige Anpassungsmittel für Schule und Familie!
In hartnäckigen Fällen – **Normalin forte** und **Normalin fortissimo**!
Normalin fortissimo – der Hammer, der jedes Rückgrat bricht!

(*Werbung macht's möglich*)

29.10.

Kleines Glückwunschgedicht
Bei der Aushändigung des Zeugnisses aufzusagen

Liebe Mutter, hier nimm den Zettel,
sieben Vierer gab mit die Vettel!
Freu dich über deinen gesunden Sohn
und backe ihm einen Strudel mit Mohn!

30.10.

Was wäre wenn ...

...alle Kinder vom Staat Taschengeld bekämen? Gleich viel! Ohne Ausnahme!

...dann wäre das sehr gerecht, denn dann könnten sich alle Kinder gleich viel Eis und Schlecker und Kaugummis und Micky-Maus-Hefte kaufen.

...aber dann würden manche Kinder von ihren Eltern noch etwas dazu kriegen und manche nicht, und dann wäre wieder alles ungerecht!

...dann müßte man eben ein Gesetz machen, welches verbietet, daß die Eltern etwas drauflegen. Eltern rücken ohnehin nicht gern Geld raus. Wenn's verboten wäre, würden sie sich garantiert daran halten!

...aber manche Kinder sind sparsam und manche nicht. Die einen würden ihr Staats-Taschengeld gleich am Morgen ausgeben, und die anderen würden es ins Sparschwein stecken, und nach ein paar Monaten wären diese Kinder - im Vergleich zu den anderen - wieder reich!

...dann müßte eben noch ein Gesetz gemacht werden! Eines, das bestimmt, daß alles Geld am letzten Tage des Jahres seinen Wert verliert. Dann wären am ersten Tage des neuen Jahres alle fetten Sparschweine keinen löchrigen Heller wert.

...und sogar meine geizige Schwester würde in der letzten Woche des Jahres nicht mehr geizig sein.

...und gar nicht so empört greinen, daß ich ihr endlich die geborgten zehn Pfennig zurückgeben soll!

31.10.

*War der Oktober
ganz ohne Freud,
bringt der November
weniger Leid.*

Alte Menschenregel

1.11.

Träume

Das Kind träumt:
Es klingelt an der Wohnungstür. Das Kind läuft zur Tür und öffnet sie.
Onkel Emil steht vor der Tür, und hinter ihm stehen zwei Polizisten.
»Das ist sie!« sagt der Onkel Emil und zeigt auf das Kind.
Der eine Polizist sagt: »Du hast deinem Onkel einen roten Filzstift gestohlen!«
Der andere Polizist sagt: »Gib ihn sofort zurück, sonst wirst du eingesperrt!«
»Ich hab ihn nicht mehr!« schluchzt das Kind. »Der Franzi hat ihn mir weggenommen!«
Da holt der eine Polizist Handschellen aus der Hosentasche. Das Kind will weglaufen, aber es kann seine Beine nicht bewegen. Der Polizist macht ihm die Handschellen um die Handgelenke. Dann hebt er es hoch und schultert es und trägt es aus dem Haus. Und das Kind kann vor lauter Schreck nicht einmal schreien.

Das Kind wacht auf:
Es klingelt an der Wohnungstür. Das Kind läuft zur Tür und öffnet sie.
Onkel Emil steht vor der Tür. Er hat eine große Schachtel in den Händen. »Filzstifte!« sagt er. »Für dich! Hab mir gedacht, daß du dringend welche brauchst!«

2.11.

Gedicht vom Gedicht

Ich machte ein langes Liebesgedicht,
aus dem meine Seele spricht.
Für meine liebste Freundin Marie.
Ehrlich, besser dichtete ich noch nie!

Marie hat sich darüber nur lustig gemacht.
Und mir ein Loch in die Seele gelacht.
Flicken läßt sich das Loch nimmermehr.
Wo krieg ich jetzt bloß eine neue Seele her?

3.11.

Ein Nagel allein

»Hans, du bringst mich noch ins Grab!« sagte die Mutter immer zum Hans, wenn er etwas getan hatte, was ihr nicht gefiel.

»Warum dieses?« fragte der Hans die Mutter, und die Mutter antwortete: »Weil du ein Nagel zu meinem Sarg bist!«

Da war der Hans zuerst sehr, sehr traurig. Doch dann dachte er sich: Ein Nagel alleine bewirkt noch gar nichts, wenn es keinen Hammer gibt, der auf ihn drauf haut! Also ist es nicht der Nagel, sondern der Hammer, der meine arme Mutter ins Grab bringt! Seither überlegt der Hans, wer wohl dieser Hammer sein könnte, und kommt nicht dahinter.

4.11.

**Der betrunkene Förster hat ein Wahnbild,
er sieht auf den Schienen der Bahn Wild!**

5.11.

Liebe Mutter,

wenn ich dem Franzi meine
schöne Hausübung nicht zum Abschreiben borgen will, sagst Du,
ich solle mich schämen!
Wenn ich aber dem Franzi seine
schöne Hausübung abschreiben
will, dann sagst Du auch, ich
solle mich schämen.
Da stimmt doch etwas nicht!
Deine Moral scheint zwiespältig
zu sein, und dieses tut leid

Deinem
verwirrten Sohn

6.11.

Abendgebet

Wertes, schauriges Nachtgespenst,
wenn Du ewig und immer nur pennst,
nicht heulst und nicht fluchst,
Deinen Seelenfrieden nicht suchst,
nie durch die Gemächer schleichst,
mir Deine Knochenpfote nicht reichst,
dann bist Du eine sagenhafte Niete,
und ich kündig Dir auf die Untermiete!

7.11.

ÜBER DEN UMGANG MIT GUTEN AUSREDEN

Teil 1

Allgemeines und Grundlegendes:

1. Je schlichter eine Ausrede, um so leichter wird ihr Glauben geschenkt. (Ein Onkel aus USA ist unglaubwürdiger als eine Tante aus Kikritzpatschn.)

2. Je kürzer die Ausrede, um so besser. Langes Zuhörenmüssen verärgert.

3. Ausreden dürfen ruhig gestammelt, gestottert sowie geflüstert werden. Allzu trainierter und ruhiger Redefluß macht Erwachsene mißtrauisch.

4. Besonders wichtig! Der Blick ins Auge des Erwachsenen. Selbige meinen nämlich, Lügner würden zu Boden schauen.

5. Abzuraten sind Wendungen wie: »Da kannst du meinen Lehrer fragen!« Oder: »Meine Mutter kann es bestätigen!« Oder: »Ehrlich wahr! Frag doch die Anni!«
Der Erwachsene weiß nämlich, daß du weißt, daß er wegen so einer Kleinigkeit *nicht* nachfragen wird. Sein Mißtrauen wird also nicht kleiner, sondern eher größer.

6. Gesicht und Stimme sollen Erstaunen ausdrücken. Etwa: Ich bin ja ganz sprachlos, daß gerade mir so etwas passiert.

7. Bleib mit deinen Ausreden allein. Weihe auch nicht den besten Freund oder die beste Freundin ein. Niemand ist nämlich wirklich verschwiegen!

8. Merke dir deine Ausreden. Und verändere sie nie! Du kannst nicht deiner Mutter erzählen, daß heute der Unterricht wegen Scharlach in der Klasse entfällt, und deinem Vater eine Stunde später, daß Bauschäden am Schulhaus aufgetreten sind!

9. Du kannst Ausreden ruhig mehrmals hintereinander gebrauchen. Wenn die Linie 44 am Freitag eine Störung hat, ist es gar nicht unwahrscheinlich, daß sie auch am Montag eine hat. Manche Strecken sind eben anfällig!

10. Trainiere dich darauf, deine Ausreden selbst zu glauben. Dann kann kaum mehr etwas schieflaufen.

8.11.

ÜBER DEN UMGANG MIT GUTEN AUSREDEN

Teil 2

Ausreden von A–Z (mit Quellennachweis)

Als ich aus der Straßenbahn steigen wollte, ging die automatische Falttür blitzschnell zu, meine Jacke wurde eingeklemmt, und ich mußte bis zur nächsten Haltestelle mitfahren. (Schüler Anton M., als er 15 Minuten zu spät zum Unterricht erschien.)

Bügeleisen und Bettdecke… Ich glaube, ich habe das angesteckte Bügeleisen auf der Bettdecke stehen lassen! (Schülerin Anna G., schreckensbleich zur Lehrerin, nachdem sie zur Wiederholungsprüfung aufgerufen wurde.)

Chorprobe… Chorprobe ist überraschend angesetzt worden! (Berta C., ihre zweistündig verspätete Heimkehr von der Schule erklärend.)

Der… Der Kaffee war zu heiß! (Schüler Emil K., der kurz nach dem Läuten die Klasse betritt.)

Eier… Ich hab sechs Eier gekauft, aber die Tüte ist mir aus der Hand gefallen, und die Eier waren kaputt, da hab ich noch einmal sechs Eier gekauft, und die hat mir eine dicke Frau aus der Hand gestoßen, da hab ich dann nur mehr vier kaufen können! (Kind Irene zur fatalen Reduzierung des mitgegebenen Geldes.)

Frieda… Die Frieda hat mein Rechenheft eingesteckt! (Kind Maria, als Erklärung für die Verunmöglichung des Hausübungsschreibens.)

Großmutter… Meine Großmutter ist gestorben! (Schüler Franz erklärt sein zweimaliges Fernbleiben vom Unterricht.)

Haustor… In unserem Haustor stand ein Mann mit einem stechenden Blick, da wagte ich mich nicht hinein und lief hundertmal verzweifelt um den Häuserblock. (Kind Mathilde erklärt ihrem Vater die verspätete Heimkehr vom Kino.)

9.11.

Aus dem Schulbuch ELTERN IN ALLER WELT,
zugelassen für das Unterrichtsfach ELTERNLEHRE,
5. und 6. Schulstufe:

Eltern kommen rund um die Welt vor, auf allen Kontinenten. Sie unterscheiden sich durch Hautfarbe, Größe, Körpergewicht, Beruf, Lebensstandard und Lebenserwartung, gleichen einander aber darin, wie sie mit ihren Kindern umgehen. Sie üben ganz unverschämt über ihre Kinder Macht aus! Sie geben das aber oft nicht zu, sondern tun so, als handle es sich dabei um Liebe.
Viele Kinder brauchen viele Jahre, um halbwegs zu kapieren, welche Handlungen ihrer Eltern der »Liebe« und welche dem »Machtgelüst« entspringen. Oft wissen nämlich die Eltern das selbst nicht!

Merke:
»Sie tun viel, wofür sie den wahren Grund nicht wissen« trifft für die meisten Eltern zu.

Als tägliche Hausübung: Frage bei allem, was deine Eltern von dir verlangen, was dir deine Eltern verbieten, was dir deine Eltern wünschen, was dir deine Eltern vorschlagen, nach: »Warum?«
Es könnte wirklich sein, daß sie durch das viele Antworten-müssen zum Nachdenken kommen.

10.11.

Hans und der Beruf

Hans, was willst du denn einmal werden, fragt die
Mutter den Hans oft.
Einmal antwortet der Hans: Bäcker!
Einmal: Arzt!
Einmal: Fernfahrer!
Dann wieder: Pilot!
Oder: Generaldirektor!
Oder: Landschaftsgärtner!
Und die Mutter von Hans lächelt darüber und sagt zum
Vater von Hans: Unser Hans weiß ja noch gar nicht,
was er einmal werden will!
Der Hans lächelt dann auch und denkt sich: Die arme
Frau wird noch früh genug merken, daß ich den festen
Vorsatz habe, gar nichts zu werden!

11.11.

ÜBER DEN UMGANG MIT GUTEN AUSREDEN

Teil 3

Ich… Ich habe zur Sache gesprochen! (Täglicher Ausruf der Schülerin Emma A., wenn sie des Tratschens mit der Nachbarin bezichtigt wird.)

Jakob… Jakob hat fünf Fehler mehr als ich und trotzdem noch einen Vierer. (Schüler Otto, jeweils eine Woche nach der Mathe-Schularbeit zu seiner Mutter.)

Kanal… Meine letzte Münze ist mir vor der Telefonzelle auf den Boden gefallen und in den Kanal gerollt. (Kind Erika macht der Mutter verständlich, warum es nicht anrufen konnte.)

Läuse… Ich habe in der Straßenbahn eine Laus gefangen und mußte zur Entlausung! (ohne Quellenangabe)

Meine Mutter… Meine Mutter ist berufstätig. (Schülerin Hertha auf das Ansinnen der Direktion, ihre Mutter möge in die Schule kommen.)

Neurose… Meine Mutter hat eine Neurose und zittert! (Schüler Hans erklärt so die Unterschrift auf der Strafarbeit, die der üblichen Unterschrift seiner Mutter nicht sehr ähnlich schaut.)

Ohr… In meinen Ohren summt es, das dürfte eine Mittelohrentzündung werden. (Schüler Hugo, eben aufgewacht, zum fragenden Lehrer.)

Problemkind… Ich bin ein Problemkind. (Berti J., zur Hausmeisterin, die ihn wegen einer eingeschlagenen Fensterscheibe zur Rede stellt.)

Quartalsäufer… Mein Vater ist Quartalsäufer, wir mußten ihn suchen. (Anatol Z., sein zehntägiges Fernbleiben vom Unterricht erklärend.)

Rohrbruch… Wir haben in der Schule einen Rohrbruch, ich mußte hier aufs Klo gehen. (Tilde M., von ihrer Mutter im schulnahen Espresso entdeckt.)

12.11.

ÜBER DEN UMGANG MIT GUTEN AUSREDEN

Teil 4

Spiegeln… Von hier aus spiegelt alles so! (Schüler Kaspar V., auf die Frage, warum er die Formeln nicht von der Tafel abschreibt.)

Taube… Eine Taube mit gebrochenem Flügel lag auf der Straße, ich brachte sie ins Tierschutzhaus. (Schüler Zeno X., als Erklärung für vierstündiges Milchholen.)

Unterschrift… Bitte, Mama, mache eine Unterschrift auf dieses leere Blatt. Wir müssen irgend etwas wegen der Ferien unterschreiben lassen, aber ich weiß den Text nicht auswendig, ich schreib ihn dann in der Schule von der Anni ab. (Knabe Friedrich mit einem Blatt Papier, aus dem eine Entschuldigung werden soll.)

Verbände… Verbände an Armen oder Beinen, wortlos dem Turnlehrer dargeboten. (Schüler Waldemar J., wöchentlich einmal, seit sieben Jahren.)

WC… Bitte, ich habe die WC-Tür zugemacht, da ist innen die Klinke abgebrochen, und der Schlosser hat kommen müssen. (Schüler Ernst M. erklärt sein Erscheinen in der dritten Schulstunde.)

Xander… **Y**vonne… Die Xander und die Yvonne haben einem armen Hinkenden die Zunge gezeigt. (Kind Anna, wenn es bei einer Prügelei mit der Xander und der Yvonne angetroffen wird.)

Zigarette… Bitte, das ist doch eine Asthma-Zigarette. (Schüler Harro W., hinter der verriegelten Klotür, aus deren Schlüsselloch es qualmt, zum vor der Klotür harrenden Lehrer.)

13.11.

Sauleben

Eine äußerst
gebildete Frau
kaufte sich
eine junge Sau.
Diese Sau
hatte ein sehr
gelehriges Wesen.
Die Frau
lehrte sie
Schreiben und Lesen.
Nun ist
die Sau
im Gymnasium
Deutschprofessor.

Aber ein Leben
als simple Sau
gefiele ihr besser!

14.11.

Aus der Kinder-BILD vom 15.11.
Inseratenteil

Suche für Mutter, sehr offen und anpassungsfähig, unemanzipiert und gefügig, netten Mann, der sich in Kinderaufzucht nicht einmischen will. Unter »Viertvater« an den Verlag.

15.11.

Stuntman im Leasing

Sitzt für dich in der Schule!
Doubelt dir deine Schularbeiten!
Zeigt automatisch dreimal pro Unterrichtseinheit auf!
Braucht kein Pausenbrot!
Ist auch problemlos im Freizeitbereich einzusetzen.
(Erster Kuß, Sprung vom 10-Meter-Brett usw.)
Hast du einen Stuntman geordert,
fühlst du dich nie mehr überfordert!
Das Leben ist nimmer schwer,
was du nicht kannst, tut er!

16.11.

Abendgebet

Schutzengel, liebster, pausbäckiger,
mir geht's von Tag zu Tag dreckiger!
Bist ohne Herz? Oder taub? Oder blind?
Scher Dich doch um mich armes Kind!
Tu endlich was, Du stinkfaules Stück!
Bring mir schleunigst mein Glück zurück!

17.11.

Henry – traurig

Henri liegt im Bett. Henri weint. Henri hört die Mutter kommen. Henri kriecht unter die Decke.

»Henri, Zeit zum Aufstehen, Zeit zum Zähneputzen«, sagt die Mutter.

Henri – unter der Decke und weinend – gibt keine Antwort. Die Mutter zieht an der Decke. Die Mutter zieht die Decke weg. Henri rollt sich zu einer Kugel zusammen. Die Mutter nimmt die Kugel und trägt sie ins Badezimmer. Sie legt die Henri-Kugel auf den Wuschelteppich vor dem Waschbecken.

»Zähneputzen«, ruft sie.

»Zehen waschen«, ruft sie.

»Ohren ausputzen«, ruft sie und geht.

Nun ist Henri noch viel trauriger. Wegen der Zähne und der Zehen und der Ohren und der Mutter. Und weil es im Badezimmer nach Haarspray riecht. Haarspraygeruch macht ihn immer besonders traurig.

Henri steht auf. Er schaut in den Spiegel über dem Waschbecken und sagt: »Ich will nicht mehr!«

Henri tut den Stöpsel in das Waschbecken, und dann weint er das Waschbecken voll. Randvoll mit Tränen. Tränen sind salzig. Salziger als Meerwasser. »Ein Meer aus Tränen«, sagt Henri, »ein Tränenmeer!«

»Das Meer ist salzig, aber nicht traurig«, sagt Henri.

Henri bekommt eine sehr große Sehnsucht nach dem Meer.

Im Vorzimmer, vor der Badezimmertür, steht Henris Mutter und putzt Henris Schuhe. Henri kann auch nicht beim Badezimmerfenster hinaus. Das Badezimmerfenster ist hoch oben über der Badewanne, und Henri ist sehr klein.

Henri ist sehr dünn.

Henri macht sich noch dünner.

Er wird so dünn, wie noch nie ein Henri dünn war. Er klettert auf den Badewannenrand und springt von dort in das Waschbecken. Er schwimmt in den Tränen. Er taucht in den Tränen unter. Bis zum Stöpsel. Er zieht den Stöpsel heraus. Als die letzte Träne langsam und traurig durch den Abfluß gluckert, ist auch Henri verschwunden.

Die Mutter sucht ihn heute noch.

Und sie wird ihn nie finden.

Weil sie überhaupt nichts weiß.

Nichts von den Tränen und der Sehnsucht und dem Henri.

18.11.

*Aus dem Tagebuch des Anton M., aufgefunden bei der endgül-
tigen Räumung der Wohnung der Anna M., in Kleinfrasdorf:*

19.11.

Morgen habe ich Geburtstag. Gut hundertmal habe ich in den letzten Tagen erwähnt, daß ich sehr gerne eine Gitarre habe würde. Bin gespannt, ob das auf fruchtbaren Boden gefallen ist. Es muß ja keine sehr teure sein.

Der Karl hat mir schon heute etwas geschenkt. Eine Geschichte von einem Land, in dem alles wunderbar ist. Die hat er extra für mich erfunden. Ab heute erzählt er sie mir als Serie. In zwölf Folgen zu fünfzig Minuten.

19.11.

Aus dem Tagebuch des Anton M., aufgefunden bei der endgül-
tigen Räumung der Wohnung der Anna M., in Kleinfrasdorf:

20. 11.

Ich habe keine Gitarre bekommen und
sonst auch nichts. Sie haben einfach
meinen Geburtstag vergessen. Das ist
noch nie passiert.
Der Karl meint, ich soll meine Mutter
daran erinnern.
Ich denke nicht daran! Ich bin so ver-
bittert wie noch nie.
Das merke ich mir auf ewig!

20.11.

HAUSORDNUNG FÜR NEUBAUTEN

1. Kinder und Gerümpel dürfen nicht im Hofe abgestellt werden.
2. Mistentleeren und Teppichklopfen ist nach und vor 21 Uhr untersagt.
3. Aus Fenstern dürfen weder Bettwäsche, Blumen noch Kleinkinder hängen.
4. Nach 22 Uhr sind Klospülungen nur im Einvernehmen mit Ober-, Unter- und Nebennachbarn zu ziehen.
5. Es ist untersagt, im Hofe einen Autoabstellplatz zu mieten, um auf diesem seine Kinder spielen zu lassen.
6. Das Belauschen der über- oder untergelagerten Mieter darf niemals durch den Klo- bzw. Badezimmerlüftungsschacht erfolgen, sondern ausnahmslos durch den Küchenentlüftungsschacht.
7. Kinderkaffeeklatsch hat spätestens 7 Monate vor Stattfinden bei der Hausbesorgung angemeldet zu werden und darf, falls ein Mieter dagegen Einspruch erhebt, nicht abgehalten werden.
8. Jeder Mieter hat darauf zu achten, daß seine Kinder stimmschwach, zartfüßig und klein bleiben.
9. Geräusch, das durch Musik entsteht, ist verschieden gestattet:
   Klavierüben für Unmusikalische: 5 – 24 Uhr.
   Wiener Lieder mit Ziehharmonika: 20 – 24 Uhr.
   Pop- und Rockmusik sowie Rap und Rast: 13 – 13 Uhr 5.
   Bundeshymne: Jederzeit.
10. Küchendunst, der aus der Wohnung entweicht, hat sofort eingefangen zu werden.
11. Die Haustür ist versperrt zu halten, um Messerschleifer, Sittenstrolche und hausfremde Kinder fernzuhalten.
12. Als Haustiere sind nur solche erlaubt, die keine hörbaren Laute von sich geben können (Fische, Spinnen, Schmetterlinge usw.)
13. Mieter, die ihren Mietvertrag aufkündigen, haben auf alle Fälle die Gründe dafür bei sich zu behalten.

Bäh!

21.11.

Aus dem Tagebuch des Anton M., aufgefunden bei der endgültigen Räumung der Wohnung der Anna M., in Kleinfrasdorf:

22.11.

Die Serie, die mir der Karl zum Geburtstag geschenkt hat, ist schon zu Ende. Sie war so schön, daß ich mit einer Folge an einem Tag einfach nicht zufrieden war. Ich habe ihn so lange angebettelt, bis er die nächste Folge drangenommen hat. Einmal habe ich ihm gleich fünf Folgen an einem Tag rausgerissen!

Jetzt tut mir das leid. Wäre ich bescheidener gewesen, hätte ich noch jeden Tag wunderschöne fünfzig Minuten.

Ich habe mit dem Karl zu handeln versucht, habe ihn gefragt, wie es mit einer Wiederholung wäre. Werden doch fast alle Serien wiederholt! Hat er geantwortet: »O.K., aber übli-cherweise am Vormittag! Und da bist du ja leider in der Schule!«

Ich bin mir nicht klar, wie das mit dem Genuß von schönen Dingen ist. Ob man den in kleinen Häppchen oder in großen Brocken zu sich nehmen soll? Zwölfmal fünfzig Minuten Vergnügen habe ich ja gehabt. Das Vergnügen wäre keine Minute länger geworden, wenn ich es auf zwölf Tage verteilt hätte.

Ich werde das mit dem Karl bereden, wenn ich im Bett bin. Vor dem Einschlafen. Damit mache ich ihm auch eine Freude. Der Karl redet gern so hin und her, über zwiespältige Sachen.

22.11.

Schütze (23.11.–21.12.)

Daß *Schützen* schießen, ist nicht wahr!
Schützen beschützen! Ist das klar?
Sie beschützen alles, was hilflos und klein.
Hin und wieder mit Schleuder und Stein!

23.11.

Rezept für naturverbundenen Schulerfolg

Nimm zwei große Löffel voll Glyzerin,
lasse diese in lauem Rosenwasser ziehn,
tue daran etwas von Hefe und Eisenwurz,
stell das Gemisch unter einen Käsesturz,
lasse es friedlich zwei Wochen da gären,
auf daß sich seine Wunderkräfte mehren.

Streiche hernach von dem Brei auf deine Stirn,
und du wirst spüren, wie es in deinem Hirn
plötzlich knistert und blitzt und kracht,
wie die Schularbeit sich fast von selber macht!

Ist dein Gehirn jedoch dann immer noch leer,
so koch einen Absud aus viel Wacholderbeer,
verquirle gut mit Salbei, Alraune und Schmalz,
etwas Jasmin, je eine Prise Kresse und Klee.
Trink zweimal stündlich von diesem Tee!

Bist du dann immer noch nicht gescheiter,
hilft dir vielleicht nur Lernen noch weiter.

24.11.

BRIEFWECHSEL

Ein Knabe bläst 1000 Küsse
in einen Luftballon.

Bindet daran eine Karte:
1000 Grüße von Deinem
einsamen Sohn!

Der Luftballon schafft die
Reise, kommt heil zu des
Vaters Haus.

Pocht ans Fenster ganz leise,
holt den Vater aus dem Bett
heraus.

Gerührt liest der Vater die
Karte und schreibt auf die
Hinterseite:

»Sohn, Deine Kindheit ist
eine harte!« Dann läßt er den
Ballon wieder ins Weite.

25.11.

Aus dem Tagebuch des Anton M., aufgefunden bei der endgültigen Räumung der Wohnung der Anna M., in Kleinfrasdorf:

26.11.

Von der Bücherei ist eine »letzte Mahnung« gekommen. Wegen der zwei Bücher, die ich mir vor drei Monaten geborgt habe.

Ich habe die Bücher nicht mehr. Ich habe sie dem Edi geborgt. Und seine Schwester hat sie ihrer Freundin weitergeborgt. Und diese Freundin ist vor drei Wochen weggezogen aus unserer Stadt und hat die zwei Bücher mitgenommen. Und die Schwester von Edi weiß weder die Adresse noch die Telefonnummer von der ehemaligen Freundin.

Der Karl will die Sache in Ordnung bringen. Morgen vormittag. Er sagt, er will ohnehin gern wieder einmal in eine Bücherei gehen. Und es macht ihm nichts aus, wenn er deswegen um ein paar Zentimeter kleiner und um ein paar Deka* leichter wird. Das holt er nachher schon wieder auf, sagt er. Wahrscheinlich bringt er auch diesmal die Sache mit Geld aus dem Schreibtisch in Ordnung. Stört mich gar nicht! Ist nur gerecht, wenn ich ohnehin nichts zum Geburtstag bekommen habe!

* Deka = Dekagramm (10 Gramm).

26.11.

Aus dem Tagebuch des Anton M., aufgefunden bei der endgültigen Räumung der Wohnung der Anna M., in Kleinfrasdorf:

27. 11.

Bin so verzweifelt, daß ich nicht weiterweiß!

Ich komme von der Schule heim, da steht meine Mutter im Vorzimmer, packt mich, drückt mich an ihren Riesenbusen und sagt: »Ach, Anton, es tut mir ja so leid! Wie habe ich bloß deinen Geburtstag vergessen können! Aber ich habe es wieder gutgemacht! Komm, schau in dein Zimmer!«

Ich laufe in mein Zimmer und denke mir: Jetzt krieg ich doch eine Gitarre! Aber da ist keine neue Gitarre, sondern ein neuer Fernsehapparat. Und mein alter ist weg!

»Weil dein alter schon so geflimmert hat«, sagt meine Mutter stolz.

Ich weiß nicht mehr genau, wie es dann weitergegangen ist. In meinem Kopf war ein verzweifeltes Durcheinander.

Elektro-Blitz, der ist ja bloß drei Ecken weiter. Weil ich beim Reden viel geschluchzt habe, hat mich der Verkäufer zuerst nicht verstanden, doch dann hat er mir gesagt, daß der »alte Kram« gar nicht erst in den Laden gebracht wird. Den liefern die Lieferdienst-Leute gleich auf dem großen Müllplatz vor der Stadt ab.

Ich bin aus dem Geschäft raus und quer durch die Stadt, zum Müllplatz. Ich bin so schnell gerannt, daß mir überhaupt nicht kalt war. Dann war ich beim Müllplatz. Der ist so groß wie vier Fußballfelder. Und der Müll liegt auf den vier Fußballfeldern haushoch. Und dazu ist er heute auch noch dick eingeschneit.

Ich habe eingesehen, daß es unmöglich ist, da so ein kleines Ding wie eine

Ich glaube, zuerst habe ich bloß gefragt, wo meine alte Fernbedienung ist, und meine Mutter hat geantwortet, daß die Männer von Elektro-Blitz den »alten Krempel« mitgenommen haben. Ich habe zu toben begonnen. Habe mich auf mein Bett geworfen, habe geheult und gebrüllt und mit den Fäusten getrommelt. Und nach meiner Mutter getreten, die mich beruhigen wollte. Und dann bin ich aufgesprungen und aus dem Haus gerannt. Ohne Mantel und Mütze. Obwohl es geschneit hat. Von da an kann ich mich wieder besser erinnern. Ich bin zu

Fernbedienung zu finden. Hundert Leute würden das in hundert Stunden nicht schaffen.

Eine Frau, die alte Bettmatratzen zum Müllplatz gebracht hat, hat mich gesehen und gesagt, ich werde mir ohne Mantel den Tod holen. Sie hat mich gefragt, wo ich wohne, und hat mich heimgefahren.

Meine Mutter redet nicht mit mir. Das stört mich nicht! Ich hasse sie! Sie hat mir das Schrecklichste angetan, was...

27.11.

Aus dem Tagebuch des Anton M., aufgefunden bei der endgültigen Räumung der Wohnung der Anna M., in Kleinfrasdorf:

28.11.

Mitten in einem Satz habe ich gestern zu schreiben aufgehört, weil ich die Stimme vom Karl gehört habe. »Anton, Anton«, hat sie gerufen. Ganz leise. Unter meinem Bett hervor.

Ich muß die Oma anrufen. Ich muß sie um Rat fragen. Aber das kann ich erst tun, wenn die Mama einkaufen gegangen ist.

Gut zehn Zentimeter kleiner ist der Karl schon. Und ganz blaß ist er. Es geht ihm, glaube ich, ziemlich schlecht. Aber er ist keiner, der klagt! Doch wie es um ihn steht, ist ja klar, wenn seine Stimme schon so schwach ist, daß ich sie erst nach stundenlangem Rufen gehört habe.

Daß der Karl unter meinem Bett liegt, ist so gekommen:

Er war in der Bücherei, als die Männer von Elektro-Blitz meinen alten TV und die Fernbedienung abgeholt haben. Und als er dann zurückgekommen ist, hat er nicht mehr heim können. Er hat sich unter mein Bett gelegt und auf mich gewartet. Als ich heimgekommen bin, hat er sich nicht melden können, denn da war ja meine Mutter im Zimmer. Und dann bin ich weggerannt! Und als ich vom Müllplatz gekommen bin, hat er vor lauter Erschöpfung geschlafen.

Jetzt schläft er die meiste Zeit. Wenn er munter ist, redet er kaum. Ich glaube, er will mich nicht merken lassen, daß sein Stimmchen schon so schwach ist!

Ich fühle mich schuldig! Wäre er nicht für mich in die Bücherei gegangen, wäre ihm nichts geschehen. Dann hätte ich ihn zwar auf ewig verloren gehabt, aber ihm wenigstens würde es gutgehen.

Wenn der Karl jeden Tag um zehn Zentimeter schrumpft, ist er in zwei Wochen und zwei Tagen überhaupt nicht mehr da.

Wenn ich mir doch nur einen Rat wüßte!

28.11.

Aus dem Tagebuch des Anton M., aufgefunden bei der endgültigen Räumung der Wohnung der Anna M., in Kleinfrasdorf:

29. 11.

Seit gestern nachmittag habe ich fünfmal mit der Oma telefoniert. Sie hat eine Idee. Weil ihr der Karl, als sie bei uns zu Besuch war, erzählt hat, daß meine Fernbedienung kein Einzelstück ist. Daß es eine ganze Serie davon gibt. Ich weiß nicht, ob die Idee der Oma wirklich eine Hoffnung ist. Vor dem Karl tue ich aber so, als glaubte ich daran. Er braucht Mut.

Bevor ich heute in die Schule gegangen bin, habe ich den Karl in den Schrank getragen. Damit meine Mutter ihn nicht entdeckt, falls sie bei mir den Boden kehren sollte.

29.11.

Was wäre wenn ...

...nicht die Lehrer den Kindern, sondern die Kinder den Lehrern Noten geben würden?

...dann würde es Lehrer mit Einsen geben und Lehrer mit einem »Durchschnittszeugnis« und Lehrer mit Fünfern!

...und dann könnten die Kinder, wenn ein Lehrer etwas schlecht erklärt, sagen: »Das war nun wirklich unter jeder Kritik! Bis nächsten Montag lernen Sie das ordentlich!«

...und die Kinder könnten zum Lehrer dann auch sagen: »Nehmen Sie sich ein Vorbild am Lehrer der 3d. Der ist ein braver Lehrer!«

...und dann hätten manche Lehrer vor der Schule genausoviel Angst wie manche Schüler.

...und dann würden manche Lehrer Nachhilfeunterricht nehmen, damit sie bessere Leistungen erbringen!

...und wer könnte dann - logischerweise - einem Lehrer Nachhilfeunterricht geben? Natürlich ein Kind!

...und weil ich genau Bescheid weiß, wie ein guter Lehrer sein sollte, könnte ich mir dann mit Nachhilfestundengeben mein Taschengeld aufbessern! Und bei dem, was wir in der Schule an Lehrern so haben, könnte ich auch noch meiner Mutter einen neuen Wintermantel kaufen!

30.11.

Sehr kleines Glückwunschgedicht
Der ehrgeizigen Mama aufzusagen

Gratuliere dir
zu meinem Vierer in Latein!
Mama, du hattest
wirklich großes Schwein!
Leicht hätte es
können ein Fünfer sein!

1.12.

Aus dem Tagebuch des Anton M., aufgefunden bei der endgül-
tigen Räumung der Wohnung der Anna M., in Kleinfrasdorf:

2.12.

Gerade hat die Oma angerufen. Bis
jetzt hat sie noch keinen Erfolg gehabt.
Obwohl sie rund um die Uhr unterwegs ist.
Der Karl hat geflüstert, daß es schon
ein Trost für ihn ist, daß die Oma so
viel für ihn riskiert.

2.12.

**IM DEZEMBER ZEIGE DICH VON
DEINER BESTEN SEITE,
SONST WIRD GAR KÄRGLICH
DEINE WEIHNACHTSAUSBEUTE.**

Alte Elternregel

3.12.

Aus dem Tagebuch des Anton M., aufgefunden bei der endgültigen Räumung der Wohnung der Anna M., in Kleinfrasdorf:

4.12.

Ich habe mich bei meiner Mutter krank gemeldet. Sie hat mir geglaubt, weil mir der Trip zum Müllplatz wirklich einen Mordshusten eingetragen hat. Aber wegen dem Husten ist es nicht! Ich mag den Karl nicht mehr allein lassen. Er ist jetzt nur noch so groß wie ich und dämmert die ganze Zeit vor sich hin. Seine Hände zittern, manchmal röchelt er. Es macht mich ganz wahnsinnig, für ihn nicht mehr tun zu können, als ihm alle paar Minuten den Schweiß von der Stirn zu wischen. Wenn die Oma doch bloß Erfolg hätte!

4.12.

Abendgebet

Liebster, bester Nikolaus,
Schokozeug ist mir ein Graus.
Mag halt keine süßen Sachen,
würdest mir mehr Freude machen
mit einem Teller voller Fritten.
Auch um Hering tät ich bitten.
Sehr ergötzen würd mich auch
Gänseschmalz und Schweinebauch.
Ist in Deinem Säckel nicht vorhanden?
Dann versuch, anderswo zu landen!

5.12.

Lieber großer Bruder,

ich ersuche Dich dringend,
folgende Knaben in folgender
Reihenfolge endlich zu
verprügeln:
Hans-Joachim Lottel
Wolfgang Ebner
Rainer Wippel
Xandi Bertner und
Oliver Schneuz-Kreun.

Ich erwarte diese kleine
Gefälligkeit bis spätestens
morgen abend von Dir, da ich
diesen Knaben Deine Prügel
seit Wochen androhe und mich
zu ihrem Gespött mache, wenn Du
nicht schnellstens zulangst.

Dein kleiner Bruder

NS
Würdest Du mir nicht dauernd
alles wegfressen, könnte ich
selbst zuhauen!

6.12.

Eigentlich

Mein Papa
hat eine neue Frau.
Angeblich
sind ihre Augen blau.
Halb so alt
wie Mama soll sie sein.
Und
sehr schlank und sehr klein.
Eigentlich
würde ich sie gern mal sehn.
Aber Mama
tät das nicht verstehn!

7.12.

Kleine Bitte

Ich hätte es schrecklich gerne,
daß du mir heut nacht die Sterne
vom Himmel holst.
Mit etwas Mut und viel gutem Willen
war mein Wunsch gewiß zu erfüllen.
Wahre Liebe
bringt nämlich einfach alles zuwege!
Und solltest du vom Himmel fallen,
so pflege ich dich gesund.

PS
Sollt dir mein Wunsch unverschämt erscheinen,
müßt ich mir die Augen aus dem Kopfe weinen!
Denn dann hätte ich es für erwiesen zu halten,
daß deine Liebe langsam ist am Erkalten.

8.12.

Sprachproblem

Sag ich **total irre,**
wird meine Mama ganz wirre.
Sag ich **superspitze,**
gerät mein Papa in Hitze.
Sag ich **affengeil,**
bangt Omi um mein Seelenheil.
Sag ich **nullo Bock,**
droht mir Opa mit dem Stock.
Red ich vom **Durchdrehen,**
muß ich in mein Zimmer gehen.

Da brüll ich dann: **So was von beschissen!**
Was das heißt, werden sie wenigstens wissen!

9.12.

Aus dem Tagebuch des Anton M., aufgefunden bei der endgültigen Räumung der Wohnung der Anna M., in Kleinfrasdorf:

10.12.

Ich huste nicht mehr, aber das fällt ohnehin nicht auf, weil sich kein Schwein um mich kümmert. Mein Vater war schon eine Woche lang nicht daheim, und meine Mutter ist vollauf damit beschäftigt, mit dem Anwalt (wegen der Scheidung) zu reden und Freundinnen zu treffen, um denen ihr Leid zu klagen. Zu einem Detektiv geht sie auch. Der soll herauskriegen, ob mein Vater eine Freundin hat. Dann wird er schuldig gesprochen bei der Scheidung, und das wirkt sich angeblich auf den Unterhalt* aus. Um einen Job bewirbt sich meine Mutter auch. Weil der Unterhalt zum Leben nicht ausreichen werde.

Der Karl will heute überhaupt nicht wach werden. Ich habe ihm seine Klamotten ausgezogen und meinen Pyjama angezogen. Sogar der ist ihm schon zu groß.

Nicht einmal, als ich ihn umgezogen habe, ist er richtig munter geworden. Bloß »Du bist lieb« hat er gemurmelt, ohne die Augen zu öffnen.

Jede halbe Stunde versuche ich die Oma anzurufen. Nie ist sie daheim! Hoffentlich ist nichts passiert!

* Unterhalt muß der Vater regelmäßig für sein Kind bezahlen, wenn bei einer Trennung das Kind bei der Mutter bleibt.

10.12.

11.12.

Herr im Himmel, steh mir bei, daß ich es schaffe! Und bring meine Mutter endlich dazu, daß sie abmarschiert! Um drei Uhr wollte sie zum Anwalt fahren, jetzt ist es schon sieben Minuten nach drei, und sie steht immer noch im Vorzimmer herum.

Mein Zug geht um vier! Eine Fahrkarte muß ich mir auch noch kaufen. Das Geld dafür habe ich aus meinem Sparschwein genommen. Hoffentlich reicht es. Ich habe keine Ahnung, was eine Fahrkarte zur Oma kostet. Der Karl liegt in unserer großen Reisetasche auf einem Badetuch.

Er ist so leicht geworden, daß ich ihn ohne Mühe tragen kann. Ich weiß nicht, ob er überhaupt kapiert hat, daß die Oma Erfolg gehabt hat. Gelächelt hat er, als ich es ihm gesagt habe.

Na, endlich! Meine Mutter haut ab! »Dann bis zum Abend«, hat sie gesagt. Die wird sich wundern am Abend!

Jetzt fällt die Haustür ins Schloß! Dann also: Nichts wie ab!

11.12.

Der Test

Dort, wo der Alexander wohnt, gleich zwei Straßen weiter, da gibt es einen großen Supermarkt mit einem Parkplatz davor. Von weither kommen die Leute angefahren, kaufen ein, als ob eine riesige Hungersnot bevorstünde, und rollen dann randvoll beladene Einkaufswagen zu ihren Autos. Und wenn sie zu ihren Autos kommen, stehen dort Kinder, halten die Hand auf und sagen: »Bitte Geld, bitte Hunger!« Die meisten Leute haben ein schlechtes Gewissen, weil sie gerade einen Viertelkubikmeter Zeug gekauft haben, von dem sie gut die Hälfte gar nicht wirklich brauchen. So holen sie schnell Geld aus der Tasche und geben es den Kindern. Nur die Mutter von Alexander tut das nicht. Sie macht immer ihren »Test«. Sie nimmt ein paar Äpfel aus ihrem Einkaufswagen und bietet sie den Kindern an. Die schütteln dann die Köpfe und gehen zu einem anderen Auto.
»Na, siehst du«, sagt die Mutter von Alexander und schaut hinter den Kindern her. »Die haben gar keinen Hunger, die machen das bloß aus Spaß! Ist so eine Art von Sport für die!«
Gestern hat der Alexander auch einen »Test« gemacht. Er ist zum Supermarkt hinüber, auf den Parkplatz. Zu einem Auto hat er sich gestellt, die Hand hat er aufgehalten, und als dann eine Frau mit einem vollen Einkaufswagen zum Auto gekommen ist, hat er gesagt: »Bitte Geld, bitte Hunger!«
Die Frau hat ihm einen Silberfünfziger gegeben. Aber Spaß hat es ihm keinen gemacht. Und sportlich ist er sich auch nicht vorgekommen. Er wollte den Silberfünfziger auch nicht behalten. Er ist zu den Kindern hin, die bei einem anderen Auto gestanden sind und aufs Betteln gewartet haben. Denen wollte er den Silberfünfziger geben, doch die wollten ihn auch nicht haben. Von dem Apfel, an dem der Alexander gerade gegessen hat, wollten sie abbeißen.
Jetzt kennt sich der Alexander überhaupt nicht mehr aus. Bloß, daß »Tests« nicht viel taugen, denkt er sich.

12.12.

Brief an das Christkind

Bitte,
bringe mir
irgendein Tier!
Vielleicht ein Meerschwein.
Könnt auch eine Katze sein.
Oder ein Hund, ein kleiner,
bereits stubenreiner.
Und dann brauch ich noch tausend Dosen
Futter
und dazu natürlich eine andere
Mutter.
Eine, die wesentlich tierliebender als meine ist,
die's aushält,
wenn die Katze auf den Teppich pißt,
wenn der Hund ihren Hausschuh zerbeißt
und das Meerschweinchen unseren Flur verscheißt.

PS

Die meine bring einem Kind,
das Ordnung sehr liebt,
weil's für die meine nichts
Schöneres als Aufräumen gibt.

13.12.

Aus dem Tagebuch des Anton M., aufgefunden bei der endgültigen Räumung der Wohnung der Anna M., in Kleinfrasdorf:

14.12.

Ich hab's geschafft! Bin wie ein Windhund zum Bahnhof, das Geld hat auch gereicht. Im letzten Augenblick bin ich auf den Zug rauf! Die Oma hat auf mich in Kleinfrasdorf auf dem Bahnhof gewartet. Die Fernbedienung hat sie mitgehabt. »Paßt die?« hat sie gefragt.

Der blaue Knopf, unten, wo sonst keine Tasten mehr sind, hat genauso ausgesehen wie der auf meiner Fernbedienung.

Wir sind zur Oma heim, haben den TV aufgedreht und den Karl aus der Reisetasche geholt. Die Oma war ganz entsetzt über seine Winzigkeit.

Und dann sagte die Oma, ich müsse gleich wieder heimfahren, den letzten Zug nach Großkrums könnte ich noch erwischen.

Ich sagte, ich denke gar nicht daran, die Scheidung sei schon im Laufen, da bliebe ich gleich hier.

»Das wird jetzt nicht mehr möglich sein«, sagte die Oma, und ich rief: »Du hast versprochen, wie ein Löwe um mich zu kämpfen!«

Die Oma sagte: »Aber sie holen mich garantiert!«

»Wer holt dich wohin?« fragte ich.

Die Oma antwortete: »Vielleicht die Polizei ins Gefängnis, aber ich tippe

Im TV war eine Show. Ich habe den blauen Knopf gedrückt, es hat schwarz-weiß geflimmert, bunt geflimmert, dann war das Zimmer vom Karl da. Ich habe den Karl dicht an den Bildschirm gehalten, und er ist in sein Zimmer hineingeflutscht und hat auf seinem Sofa gelegen. Hampelmannklein war er immer noch, doch nach ein paar Atemzügen wirkte er nicht mehr so matt und schlaff, und seine Stimme war wieder fast normal. In ein, zwei Wochen, sagte er, werde er wieder ganz der alte sein.

eher auf einen Amtsarzt, der mich ins Irrenhaus bringt!«

»Du bist ja nicht plemplem!« rief ich.

Die Oma seufzte und sprach: »Eine alte Frau, die zwei Wochen lang rund um die Uhr unterwegs ist, um Fernbedienungen zu stehlen, gilt halt als verrückt! Und wenn ich sage, warum ich das getan habe, gelte ich wohl als quadratverrückt!«

Ich muß jetzt zu schreiben aufhören, die Oma will das Licht löschen. Sie will einschlafen.

14.12.

Aus dem Tagebuch des Anton M., aufgefunden bei der endgültigen Räumung der Wohnung der Anna M., in Kleinfrasdorf:

15.12.

Es ist vier Uhr in der Früh, der Karl schläft sich gesund, die Oma schläft auch. Ich will diese Eintragung noch machen, denn es wird meine letzte sein!

Gestern abend, nachdem ich kapiert hatte, was der Oma bevorsteht, war ich ganz verzweifelt. Und sie hat ja recht! Ihre ganze Wohnung ist voll kaputtgemachter Fernbedienungen. Zu Bergen türmen sich die! Das ganze Dorf, hat sie gesagt, ist fernbedienungslos. Und die Leute munkeln natürlich. Die können ja zwei und zwei zusammenzählen! Und die Polizei ermittelt schon. Und es wird jede Menge Leute geben, die sich daran erinnern, daß ihre Fernbedienung nach dem Besuch der Oma weg war. Noch dazu, weil die Oma doch sonst nur ganz selten auf Besuch geht. Und sie hat sich ja auch bei wildfremden Leuten eingeschlichen. Denen hat sie gesagt, daß sie ihnen für eine Meinungserforschung Fragen stellen muß!

Ich habe zur Oma gesagt, daß sie flüchten muß!

Und der Karl hat gesagt, daß sie zu ihm flüchten könnte! Dazu braucht man zwar ein TV-Asylrecht, aber das, hat er gesagt, bekommt die Oma sicher. Wo sie so viel für ihn getan hat.

Die Oma hat darüber nachgedacht und war einverstanden. Außer mir, hat sie erklärt, hält sie hier sowieso nichts mehr. Und wenn sie im Irrenhaus ist, kann sie eh nix für mich tun. Sie wollte gleich zum Karl hinein, aber der wollte zuerst alles mit der Einreisebehörde regeln.

Heute, Punkt sieben in der Früh, sollen wir den blauen Knopf drücken. Dann ist alles für die Oma geregelt, hat der Karl gesagt.

Ich bin doch nicht blöd, daß ich hier bleibe! Ich gehe mit! Aber das habe ich weder der Oma noch dem Karl gesagt. Sie wären sicher dagegen! Und der Karl kann mir das Asylrecht garantiert auch nachträglich verschaffen.

Um sieben Uhr, wenn die Oma einsteigt, wenn sie schon mit einem Fuß im Zimmer vom Karl ist, dann springe ich ihr auf den Rücken und halte mich fest. Und bevor sie noch begriffen hat, was überhaupt los ist, ist schon alles vorüber.

NB
Bin neugierig, ob einem von denen, die demnächst alle kaputten Fernbedienungen abholen werden, die mit dem blauen Knopf auffällt!

15.12.

Herbergssuche

Am 16. Dezember, kurz vor den Weihnachtsferien, führte die 4 A für die Eltern ein Singspiel auf. »Herbergssuche« hieß es. Der Michi war der Wirt, der die Herbergstür versperrt hatte. »Wer klopfet an …«, sang er.
Die Kathi und der Peter waren Josef und Maria, die an die Tür pochten.
»Wir sind zwei arme Leut …«, sangen sie.
»Was wollt ihr hier …«, sang der Michi.
»Wir wollen Herberg heut …«, sangen die Kathi und der Peter.
»Nein, nein, nein, das kann nicht sein …«, sang der Michi. Die anderen Kinder der 4 A waren der Chor. Die sangen auch »Nein, nein, nein, das kann nicht sein …«.
Die Eltern waren schrecklich gerührt. Ein paar Mamas weinten. Sogar ein Papa hatte Tränen in den Augen.
Zwei der Mamas, die vor lauter Mitleid mit Josef und Maria geweint hatten, kritzelten gleich, als sie vom Singspiel heimgingen, ihren Namen auf eine Unterschriftenliste, die ihnen ein junger Mann hinhielt. Über den Spalten für Namen und Adresse stand mit großen Buchstaben:

DAS BOOT IST VOLL! ASYLANTEN RAUS!

16.12.

Hat's am siebzehnten Dezember siebzehn Grad plus,
ruft die Tanne: »Ein verfrühter Frühlingsgruß!«
Und es raunen die kahlen Birken:
»Das Ozonloch beginnt zu wirken!«

17.12.

Aus der Kinder-Bild vom 18.12.
Inseratenteil

Suche Halbtagsjob als Einzelkind! Nicht unter 30 Streicheleinheiten die Stunde. Unter »Leichter leben« an den Verlag.

18.12.

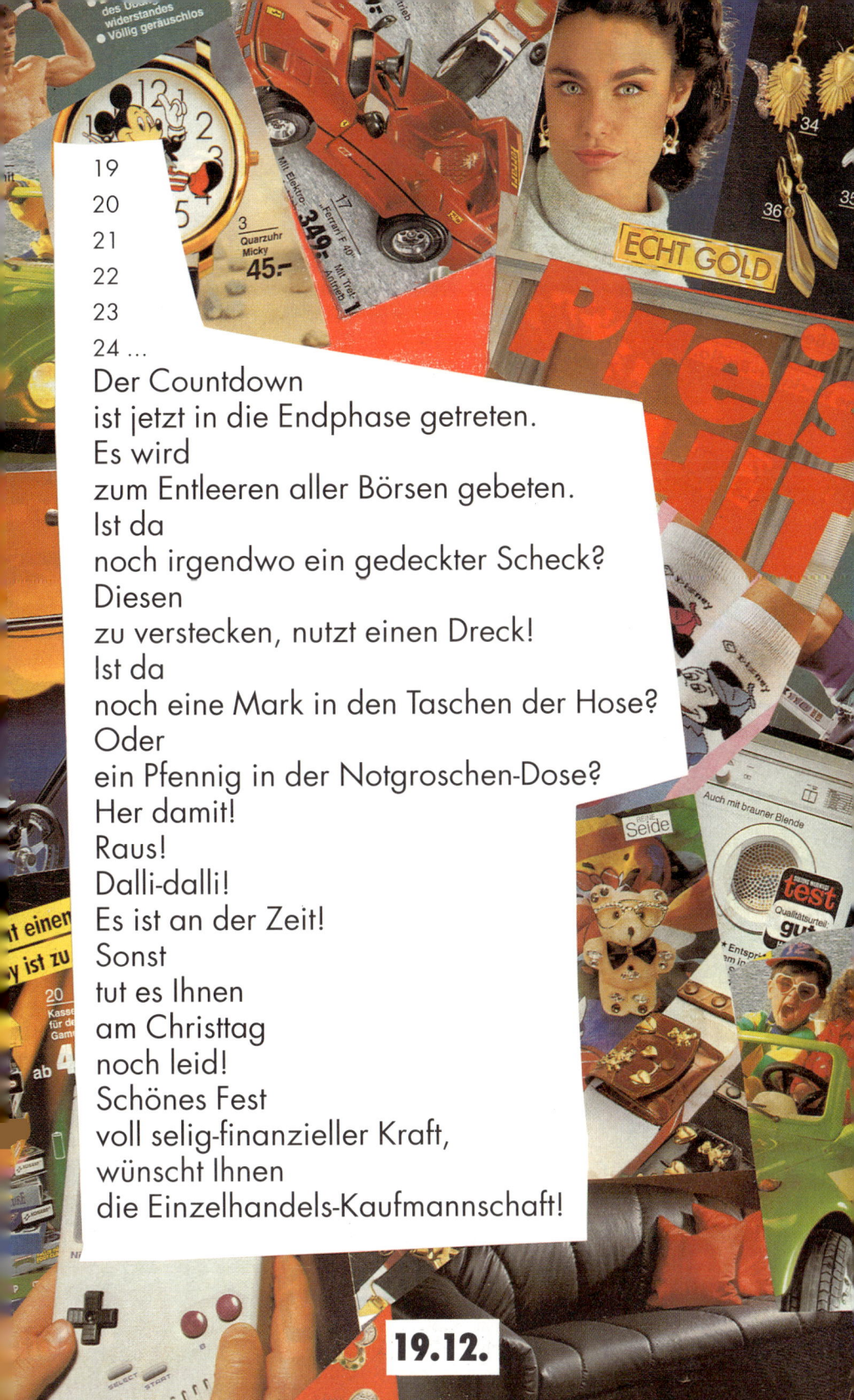

19
20
21
22
23
24 ...
Der Countdown
ist jetzt in die Endphase getreten.
Es wird
zum Entleeren aller Börsen gebeten.
Ist da
noch irgendwo ein gedeckter Scheck?
Diesen
zu verstecken, nutzt einen Dreck!
Ist da
noch eine Mark in den Taschen der Hose?
Oder
ein Pfennig in der Notgroschen-Dose?
Her damit!
Raus!
Dalli-dalli!
Es ist an der Zeit!
Sonst
tut es Ihnen
am Christtag
noch leid!
Schönes Fest
voll selig-finanzieller Kraft,
wünscht Ihnen
die Einzelhandels-Kaufmannschaft!

19.12.

OMA UND ENKEL VERSCHWUNDEN

Seit dem 15. des Monats ist der zwölf-jährige Anton M. aus Großkrums ab-gängig. Vermutet wird, daß sich der blonde, schmächtige Knabe zu seiner Großmutter nach Kleinfrasdorf durch-schlagen wollte. Rätselhafterweise ist diese jedoch seit selbigen Tags eben-falls unauffindbar. Die alte Frau scheint in letzter Zeit geistig verwirrt gewesen zu sein und beging in diesem Zustand sinnlose Diebstähle. Die Polizei tappt völlig im dunkeln, eine Familientragödie wird befürchtet.

20.12.

Hast du immer alles mit?

Prüfe vor dem Weggehen, ob du auch alles, was wichtig ist, mit dir trägst. Dann kommst du nie in Schwierigkeiten!

Schultasche

- ○ Mickymaus
- ○ Kaugummi
- ○ Omas Brille*
- ○ Gummiringerl
- ○ U-Haken
- ○ »Meiers Nockerlgrieß«
- ○ Murmeln
- ○ Käsebrot vom letzten Samstag
- ○ 1 Röhrchen Prüfungs-Froh mit Zitrogeschmack
- ○ 1 Fläschen »Eau de Musterknabe«

Turnbeutel

- ○ gebrauchte Papiertaschentücher
- ○ halber Kamm
- ○ Omas Brille*
- ○ Milchstockzahn
- ○ 1 Dose Antriebsspray
- ○ »Meiers Nockerlgrieß«
- ○ Sparschwein
- ○ Juckpulver
- ○ Daumenschützer
- ○ Liste mit guten Taten für die nächste Woche

Mädchen-Handtasche

- ○ Mutters Make-up
- ○ Prince-Foto
- ○ selbstgeschriebener Liebesbrief
- ○ Omas Brille*
- ○ Watte für den BH
- ○ »Meiers Nockerlgrieß«
- ○ Wechselgeld vom Milchholen
- ○ Zahnstocher
- ○ Horoskop der Woche
- ○ 1 Vorratsdöschen mit je 100 Stück der Wörter: irr, schick, toll
- ○ 1 Klebelächeln

Knabenhosentasche

- ○ Omas Brille*
- ○ 14-Klingen-Messer
- ○ Ausländische Währung
- ○ Feuerzeug
- ○ »Meiers Nockerlgrieß«
- ○ Trockenspiritus
- ○ 1 cm^3 Schokolade
- ○ Klappharpune
- ○ Dr. Hillers Bubenlachen
- ○ 1 aufblasbarer Boxhandschuh

Wandertagsrucksack

- ○ Rekorder
- ○ Omas Brille*
- ○ Kassette mit Wanderliedern
- ○ Visitenkarten
- ○ Stricknadeln
- ○ »Meiers Nockerlgrieß«
- ○ Tagebuch
- ○ Klebeherz für Baumstämme
- ○ Plastikblasen und Klebstoff für Fersen
- ○ 1 kleiner Beutel Naturbegeisterung
- ○ 1 Stadtplan von Weinheim

* Omas Brille hat einen lockeren Bügel und muß dringend zum Optiker gebracht werden. Die Firma »Meiers Nockerlgrieß« dankt für häufige Namensnennung und leistet einen Druckkostenzuschuß für dieses Heft.

21.12.

Steinbock (22.12.–20.1.)

Das *Steinbock*-Kind ist oft zu beklagen,
muß meistens sehr bockige Eltern ertragen,
sture, grämige, bärtige Mecker-Ziegen,
die 's nicht verdienten, solch Goldkind zu kriegen.

Steinböcke vertrauen ihrer Kraft.
Jeder gute *Steinbock* schafft
Unermeßliches!
Unvergeßliches!
Steinböcke reiten am Puls der Zeit
und bringen es üblicherweise recht weit!

22.12.

RAT UND SCHLAG
von Tante Olga

Liebe Tante Olga,
meine Eltern sind nette, aber sehr einfache Leute. Ich habe schon immer das Gefühl gehabt, daß ich ein vertauschtes Kind bin, weil Besseres in mir schlummert. Nun habe ich erfahren, daß die Frau Generaldirektor Loidl im Krankenhaus neben meiner Mutter gelegen ist und zur gleichen Zeit wie meine Mutter ein Kind bekommen hat. Auch eine Tochter. Ich bin mir sicher, daß ich in Wirklichkeit diese Tochter bin. Dazu kommt noch, daß der mit mir vertauschte Trampel in meine Klasse geht und direkt vor mir sitzt.
Wie kann ich diese schreckliche Ungerechtigkeit richtigstellen?
Deine Petra

Liebe Petra,
da ich zufällig die Frau Generaldirektor Loidl kenne, könnte ich in Deiner Angelegenheit mit ihr reden. Hast Du vielleicht auch so eine Zipfelnase wie sie? Oder solche Henkelohren? Oder den bei allen weiblichen Loidl üblichen Senkbauch? Wenn ja, dann könnte ich das als Beweise anführen. Und was die Loidl-Tochter anbelangt, die mit Dir in die Klasse geht, da mache Dir keine Sorgen. Die tät gern tauschen. Mit jedem!
Melde Dich wieder.
Deine
Tante Olga

23.12.

Madonna

24.12.

25.12.

Der Wolf und die sieben Geißlein – eine Richtigstellung

Die Geschichte vom Wolf und den sieben Geißlein ist wahrheitsgetreu überliefert. Bis auf den Schlußsatz. Da heißt es *… und lebten zufrieden und glücklich bis an ihr Ende.* **Hier lügt das Märchenbuch!**

Für die, die sich an das Happy-End des Märchens nicht mehr erinnern: … Da holt das siebente Geißlein die Mutter, sie schneiden dem Wolf den Bauch auf, holen die sechs Geschwister heraus, tun Steine in den Bauch, nähen ihn wieder zu und verstecken sich. Und der Wolf wacht auf, hat Durst, geht zum Brunnen, beugt sich über den Brunnenrand und stürzt in den Brunnen hinein. Und ersäuft, weil er wegen dem steinschweren Bauch nicht schwimmen kann.

Kann sich irgendeiner, außer einem chronischen Schwachkopf, vorstellen, daß es mit den Geißenkindern gut weiterging? Doch kaum! Das siebente Geißlein, das Nichtgefressene, wurde in der ganzen Gegend bestaunt und bewundert und als Retter der Familie gepriesen. Das stieg ihm zu Kopfe! Alle paar Minuten bekamen seine Geschwister zu hören: »Wenn ich nicht gewesen wäre, gäb's euch überhaupt nicht mehr!« Und dauernd meckerte es, daß die Geschwister dies nicht genug anerkannten. Das beste Bettchen beanspruchte es, und die besten Bissen auch. Belehren durfte man es schon gar nicht mehr. »Ich bin doch schlauer als ihr alle zusammen«, sagte es dann.

Schließlich bestellte es beim Grabsteinmetz noch eine große Marmortafel, mit Goldbuchstaben drauf. *Geburtshaus des berühmten siebenten Heldengeißleins* stand auf der Tafel. Das siebente Geißlein dübelte die Tafel an die Hausmauer. Da wurde es den Geschwi-stern zu bunt! Und das erste Geißlein sagte scheinheilig: »So ein Held wie unser kleiner Bruder müßte eigentlich längst in eine Fernseh-Show kommen!«

Das zweite Geißlein sagte: »Wieso ihn noch niemand ins TV geholt hat?«

Das dritte Geißlein sagte: »Weil die Fernsehleute nichts von ihm wissen! Die sind ja in der großen Stadt vor den sieben Bergen, hinter denen wir wohnen!«

Das vierte Geißlein sagte: »Und falls sie es gehört haben, glauben sie es nicht. Ist ja auch unglaublich. Die würden das nur glauben, wenn sie unseren kleinen Bruder sehen! Sein Heldentum sieht man ihm ja gleich an!«

Da machte sich das siebente Geißlein auf den Weg. Über die sieben Berge. Und ward nie mehr gesehen. Vielleicht irrt es heute noch zwischen dem vierten und dem dritten Berg herum. Oder einer hat es eingefangen und gebraten. Oder es ist auch etwas ganz, ganz anderes mit ihm passiert. Die sechs Geißlein jedenfalls lebten von da an mit ihrer Mutter zufrieden und glücklich bis an ihr Ende.

26.12.

Das siebente Geißlein

27.12.

Es sehnte sich danach die fette Turmwanze,
daß mit ihr Tango der schlanke Wurm tanze!

28.12.

Abendgebet

Heiliger Peter, heiliger Paul,
bin so träge, bin so faul,
will nie hektisch hasten,
will nur friedlich rasten,
neige um gar keinen Preis
zu Mühsal und Fleiß.
Bin dabei aber sehr zufrieden.
Würd Euch bitten, hienieden
drauf Obacht zu geben,
daß sich nicht ändert mein Leben!

29.12.

Tüllpommel

Die Frau am Tisch neben mir sagt zu ihrem Mann:
»Der dort, am Tisch hinter uns, der muß ein Pole sein!
Obwohl er perfekt deutsch spricht! So eine niedere
Stirn und so einen billigen Plastikanorak haben nur
Polen!«
Die Frau am Tisch neben mir, die das zu ihrem Mann
gesagt hat, muß eine Italienerin sein! Obwohl sie
perfekt deutsch spricht! So kurze Beine und so eine
komische Tüllpommel oben am Haarschopf haben nur
Italienerinnen!

30.12.

Bleigießen

Mein Bruder hat sich einen Mercedes gegossen,
mein Vater eine Karriereleiter mit Sprossen,
meine Schwester einen Ballettschuh samt Bindeband,
meine Mutter ein Inselchen mit Palmen und Strand.

Nur das Blei, das ich ins Wasser gegossen,
ist auf neunundneunzig Kügelchen zerflossen.
Jetzt sagen alle »Du Ärmster« zu mir,
»das Schicksal hat gar nichts vor mit dir!«

Die neunundneunzig Kügelchen, das erraten die nie,
denn sie sind blöde und ohne Funken von Fantasie,
das sind neunundneunzig Wünsche für mich, und zwar
alle vom Schicksal zu erfüllen im kommenden Jahr.

31.12.

Inhalt

Die Märchen, Briefe, Anzeigen, Gedichte, Ratgeber, Geschichten, Regeln, Schulbuchseiten, Abendgebete, Tagebuchaufzeichnungen, Comics, Cartoons und vieles mehr sind in diesem Register alphabetisch geordnet. Die einzelnen Texte wurden wie folgt erfaßt: Die Überschriften und Bildunterschriften sind in normaler Schrift gesetzt, die Anfänge aller Gedichte in kursiver Schrift.